COLLECTION FOLIO

Jean Anouilh

Le rendez-vous de Senlis

SUIVI DE

Léocadia

La Table Ronde

© *La Table Ronde, 1942, pour* Le rendez-vous de Senlis *et* Léocadia.

Le rendez-vous de Senlis

PERSONNAGES

GEORGES, *jeune homme.*
ROBERT, *son ami.*
BARBARA, *femme de Robert, maîtresse de Georges.*
MONSIEUR DELACHAUME \
MADAME DELACHAUME / *parents de Georges.*
HENRIETTE, *femme de Georges, personnage invisible.*
EDMÉE, *femme de chambre d'Henriette.*
ISABELLE, *jeune fille.*
PHILÉMON \
MADAME DE MONTALEMBREUSE / *comédiens.*
LE MAITRE D'HOTEL, *de la maison Chauvin.*
LA PROPRIÉTAIRE.

PREMIER ACTE

Un salon rococo.
La propriétaire et Georges sont encore dans la salle à manger. On aperçoit, au fond, une porte grande ouverte. La propriétaire lit sur un gros registre.

LA PROPRIÉTAIRE

« Et quatre pots de fleurs façon cuivre avec ciselures et ornements de style. »

GEORGES, *répétant, lassé.*

« ... Et quatre pots de fleurs façon cuivre avec ciselures et ornements de style. » Ils sont bien là. Ils auraient garde de ne pas y être.

LA PROPRIÉTAIRE

Comment?

GEORGES

Je disais qu'ils étaient ravissants.

LA PROPRIÉTAIRE

Je pense bien, c'est un cadeau de mariage!

GEORGES, *vaincu par cet argument.*

Alors...

Ils sont passés dans le salon.

LA PROPRIÉTAIRE

Voilà pour la salle à manger. Maintenant nous passons au grand salon. Je suis le même principe. Je commence par les murs. *(Elle lit :)* « Murs tendus de soie brochée à ramages, fleurs et oiseaux. »

GEORGES

Je vous arrête, madame. Je ne vois pas les oiseaux.

LA PROPRIÉTAIRE

Comment?... comment? Vous ne voyez pas les oiseaux?

GEORGES

Je vous assure que je n'y mets aucune mauvaise volonté. Je ne vois pas les oiseaux. Vous spécifiez sur votre inventaire : « Murs tendus de soie brochée à ramages, fleurs et oiseaux. » Nous sommes bien dans le salon? Vous ne faites pas erreur?

LA PROPRIÉTAIRE

Voyons, monsieur, je connais ma maison!

GEORGES

Je vois les ramages, je devine au besoin les fleurs, mais, malgré tous mes efforts, je ne vois pas les oiseaux. Les voyez-vous? Je vous fais juge.

LA PROPRIÉTAIRE, *qui fait des efforts pour voir les oiseaux, les yeux collés au mur*.

Je n'ai pas mes besicles.

GEORGES

Vous comprenez bien que je ne tiens pas à me mettre dans mon tort et à être obligé de vous payer des oiseaux le jour de mon départ.

LA PROPRIÉTAIRE, *affolée*.

Mais j'ai toujours eu ces inventaires. Ils ont été faits par une personne extrêmement compétente...

Acte I

GEORGES

Voyez vous-même. Je ne peux pas mieux vous dire.

LA PROPRIÉTAIRE, *compulsant
à nouveau son cahier.*

« ...à ramages, fleurs et oiseaux. »

GEORGES

C'est peut-être le précédent locataire qui les a emportés.

LA PROPRIÉTAIRE *esquisse un pâle sourire.*

Sur une tapisserie, monsieur...

GEORGES

De nos jours, madame, l'ingéniosité des escrocs ne connaît plus de bornes. En tout cas, c'est un fait, cette soie brochée ne présente plus trace d'oiseaux.

LA PROPRIÉTAIRE, *qui n'a pas encore perdu
tout espoir.*

Ce motif-là... peut-être... ne trouvez-vous pas... ici, la tête... là, la queue?

GEORGES

Un oiseau la tête en bas! Vous avez déjà vu un oiseau la tête en bas?

LA PROPRIÉTAIRE

Qu'est-ce qu'il faut faire?

GEORGES

Je ne vois qu'un moyen : rectifier l'inventaire.

LA PROPRIÉTAIRE

Cela vous fait rire, vous? On voit bien que vous êtes jeune. Si vous aviez mon âge, les soucis vous dévoreraient vivant...

GEORGES, *avec soudain
un pli triste à la bouche.*

Oh! croyez-moi, madame, ils ont aussi le goût des viandes jeunes.

LA PROPRIÉTAIRE

Écoutez, je laisse seulement « soie brochée à ramages et à fleurs ». Mais, bien entendu, je n'aurais pas songé à vous accuser...

GEORGES, *qui a retrouvé son entrain.*

Je suis un homme d'affaires, madame. J'ai pour principe de faire les choses en règle. Votre inventaire est par ailleurs d'une telle précision...

LA PROPRIÉTAIRE

Il a été fait par une personne très compétente...

GEORGES

Trop compétente, croyez-moi. Nous avons encore beaucoup de pièces à voir?

LA PROPRIÉTAIRE

Comme vous êtes impatient, monsieur! Nous n'avons encore fait que la salle à manger et l'entrée; il nous reste les deux salons et sept chambres aux étages.

GEORGES *regarde l'heure.*

Nous avons mis trente-cinq minutes pour ces deux premières pièces. Il nous en reste neuf autres. Cela fait trois petites heures en allant bon train.

LA PROPRIÉTAIRE, *très fière.*

Mon inventaire a quatre-vingt-douze pages!

GEORGES

Bravo! Seulement moi, madame, j'attends plusieurs personnes au train de 7 h 10 et il est moins deux. J'ai donc onze minutes maximum à vous consacrer. Qu'allons-nous faire?

LA PROPRIÉTAIRE *trottine d'émotion.*

Onze minutes! onze minutes! mais, monsieur, c'est insensé!

GEORGES

Je vous avoue que c'est un peu ce que je pense. Tout ce que je peux vous dire, madame, c'est que ce sont des situations où l'on ne se met pas de gaieté de cœur.

LA PROPRIÉTAIRE

Mais enfin, monsieur, est-ce ma faute, s'il vous faut cette maison en cinq minutes? Vous avez loué à partir du premier, soit. Mais vous n'emménagiez pas... Je ne pouvais tout de même pas faire cet inventaire sans vous. Vous me tombez dessus un beau jour sans crier gare, à l'heure du dîner, et il faudrait que tout soit fait en cinq minutes... Je suis encore bien bonne de vous laisser emménager à la nuit tombée... Vous savez bien que ce n'est pas dans les usages.

GEORGES

Un brusque changement de mes projets... Il me faut cette maison ce soir.

LA PROPRIÉTAIRE

Peut-être, monsieur, mais un inventaire est un inventaire. *(Elle tente un coup d'audace.)* Allons, allons, nous allons faire vite. Nous ne verrons pas les chambres de domestiques aujourd'hui... Là, vous voyez que je fais mon possible pour vous être agréable... *(Elle reprend son cahier.)* Voyons : « ...à ramages et à fleurs... Aux fenêtres, quatre grands rideaux de damas rouge et des embrasses de même métal. »

GEORGES

De même métal?... mais... quel métal?

LA PROPRIÉTAIRE

Comment, quel métal?

GEORGES

Je vous prie de bien vouloir relire. Vous allez voir vous-même.

LA PROPRIÉTAIRE *relit*.

« Quatre rideaux de damas rouge et des embrasses de même métal. » *(Elle répète :)* « De même métal... » *(Elle rêve un moment.)* Oui, il doit y avoir une erreur ou une ligne de sautée... C'est une personne très compétente, n'est-ce pas, mais très âgée...

GEORGES

Trop âgée, madame, beaucoup trop âgée. Cet inventaire fourmille d'erreurs. « Des rideaux de damas rouge et des embrasses de même métal... » et vous voulez me faire signer cela ? Je veux croire que vous êtes de bonne foi, mais tout de même, madame... Des embrasses de même métal, sans préciser lequel ? Et si le jour de mon départ vous me les réclamez en or, ces embrasses.

LA PROPRIÉTAIRE

En or, monsieur, des embrasses ! Vous voulez rire...

GEORGES

Pardon, madame, pardon, cela serait votre droit. Je suis un homme d'affaires, je sais à quoi une signature m'engage. Je me refuse à écouter plus longtemps la lecture de cet étrange document. Vous direz de ma part à la personne âgée et compétente qui s'est chargée de sa rédaction...

LA PROPRIÉTAIRE

Elle est décédée, monsieur.

GEORGES

Alors vous ne lui direz rien. Donnez-le-moi d'ailleurs votre inventaire. Tenez, je le signe. Je le signe pour vous épargner des tracas. Des tracas qu'à votre âge on s'exagère toujours. Bien à tort, croyez-moi, madame, bien à tort. Car tout s'arrange dans la vie,

au moins pour un soir... Vous me direz qu'un soir,
ce n'est pas long. C'est parce que les hommes sont
trop exigeants, madame. Avec un peu d'imagination,
on peut très bien vivre toute sa vie en un soir.
(Il signe.) « Lu et approuvé. » Voilà. Comme cela,
l'existence vous paraîtra plus facile pendant les...
(Il regarde sa montre.) sept minutes qui vont suivre.
Car dans sept minutes, madame, il faut que votre
maison soit entièrement à moi, depuis les oiseaux
introuvables de soie brochée à ramages et à fleurs
jusqu'à ces embrasses de même métal.

LA PROPRIÉTAIRE, *à qui cette faconde
fait un peu peur*.

A vous... monsieur... à vous... Comprenons-nous,
n'est-ce pas?... Je vous fais remarquer que cette
location meublée pour un mois ne vous donne pas
droit...

GEORGES

Aucun droit, madame, je le sais... mais écoutez-
moi bien. *(Il l'a fait asseoir et s'est assis en face d'elle.)*
Vous avez l'air d'une vieille dame extrêmement
gentille...

LA PROPRIÉTAIRE,
qui se demande ce que cela cache.

Mais non, mais non, monsieur, je ne suis pas
gentille...

GEORGES

Si! vous êtes gentille. Et vous avez de plus une
vieille maison de province que vous n'arrivez jamais
à louer, mais qui est adorable. Cette maison, vous
me l'avez louée un très bon prix, pour un mois...

LA PROPRIÉTAIRE, *plaintive*.

Je voulais louer à l'année.

GEORGES, *avec humeur*.

Mais moi aussi, madame, je voulais louer à l'année!...

Nous voulons tous louer à l'année et nous ne pouvons jamais louer que pour une semaine ou pour un jour. C'est l'image de la vie.

LA PROPRIÉTAIRE

Pardon, pardon. Pour un mois! Je trouve déjà assez humiliant de louer au mois. Je ne suis pas une logeuse.

GEORGES, *grave*.

Comme vous êtes exigeante!... Je vous jure, moi, madame, que je serais le plus heureux des hommes si je pouvais l'habiter tout un mois, votre maison.

LA PROPRIÉTAIRE

Mais rien ne vous en empêche, puisque vous l'avez louée jusqu'au 1er juillet!

GEORGES

Je l'ai louée jusqu'au 1er juillet, mais je ne l'habiterai probablement qu'un soir.

LA PROPRIÉTAIRE

Je ne comprends pas très bien.

GEORGES

Je vous en prie, ne cherchez pas...

LA PROPRIÉTAIRE

D'abord, pouvez-vous m'expliquer comment un jeune homme seul peut avoir besoin d'une grande maison, comme cela, à plusieurs kilomètres de Paris, presque en province en somme...

GEORGES

Je dois y recevoir de la famille. Et à ce propos — vous me comprendrez, j'en suis sûr — je serais gêné d'avouer à ces personnes — à ces parents — que je n'ai emménagé que ce soir. Ayez l'amabilité de rester enfermée dans votre chambre et de cacher cet inventaire.

Acte I

LA PROPRIÉTAIRE

Je vous en laisse toutefois le double. Vous le vérifierez demain à loisir.

GEORGES

Je n'y manquerai pas.

LA PROPRIÉTAIRE

Et sachez, monsieur, que vos recommandations étaient superflues. J'ai pour principe de ne pas gêner mes locataires. Ah! je vous signale que le téléphone est inutilisable. Il n'a pas de fils. C'est un souvenir... En outre, je vous recommande ce fauteuil. Le pied est cassé. Si vos parents sont de fortes personnes, dirigez-les plutôt sur la bergère. Attention aussi à la vitrine, qui est extrêmement fragile. Elle contient vingt-deux petites porcelaines blanches, dont une recollée.

GEORGES, *résigné*.

Dont une recollée. Je la soignerai comme mon enfant.

LA PROPRIÉTAIRE *s'en va*
et s'arrête avec un petit cri.
Elle montre le mur d'un geste fébrile.

Oh! tenez, là... à droite du cadre. Vous ne trouvez pas qu'on dirait un peu un oiseau?

GEORGES, *impitoyable*.

Non.

LA PROPRIÉTAIRE *soupire et s'éloigne*
en relisant son inventaire.

« ...A ramages, fleurs et oiseaux... »

On sonne.

GEORGES

On sonne, c'est pour moi. Voulez-vous être assez aimable pour aller vous cacher? J'ouvrirai moi-même.

LA PROPRIÉTAIRE, *sortant*.

Vous-même... Mais vos parents ne trouveront pas bizarre que vous habitiez cette grande maison sans domestiques?

GEORGES

Je vous remercie. J'y ai pensé.

Ils sont sortis. La scène reste vide un instant. Georges revient avec le maître d'hôtel.

La maison Chauvin fait les choses promptement; j'ai téléphoné il y a une heure à peine...

LE MAITRE D'HOTEL

Nous avons toujours des dîners types prêts d'avance. Le temps d'embarquer les plats dans la camionnette spécialement aménagée. Mes aides sont déjà en possession de la cuisine... Les champagnes sont frappés, les bordeaux maintenus à la température exacte. Dans un quart d'heure, monsieur peut être servi. *(Il récite :)*
« Rien n'est réchauffé, tout est chaud,
Il n'y a pas d'heure et de distance :
Miracle de la maison Chauvin! »

GEORGES

Vous y croyez, vous?

LE MAITRE D'HOTEL

A quoi, monsieur?

GEORGES

Aux miracles.

LE MAITRE D'HOTEL *change de ton*.

Non, monsieur. Mais la maison Chauvin est tout de même une des mieux organisées et...

GEORGES *lui donne un billet de cent francs*.

Il a quel âge, le vol-au-vent jamais réchauffé toujours chaud?

Acte I

LE MAITRE D'HOTEL, *modeste*.

Oh! monsieur, la belle maturité. Si monsieur a ici quelque petite bête, elles sont généralement friandes de la croûte... quant à la sauce, mon Dieu...

Il a un geste vague.

GEORGES

Je vois que nous nous sommes compris. Servez ce qu'il y a de moins mal. Et que cela ne fasse pas trop menu de banquet. Je vais même vous demander quelque chose de plus délicat... Ne servez que ce qui n'a pas l'air de venir de la maison Chauvin.

LE MAITRE D'HOTEL

J'avoue à monsieur que je le suis mal.

GEORGES

Je m'explique... J'ai dû improviser ce repas. Je me suis adressé à un traiteur parce que j'avais très peu de temps devant moi, mais, pour mes invités, tout a été fait ici. Cette fois, vous me suivez?

LE MAITRE D'HOTEL

Parfaitement, monsieur.

GEORGES

Quelles mines ont vos aides? Patibulaires?

LE MAITRE D'HOTEL, *méprisant*.

Des aides, monsieur...

GEORGES

Ne les montrez pas trop.

LE MAITRE D'HOTEL

Je dois dire à monsieur que je comptais l'éviter de moi-même en tout état de cause. L'un a des odeurs, monsieur, et l'autre est borgne.

GEORGES

Gardez-les carrément à la cuisine. Je veux un

service très simple. Pas du tout maison Chauvin.
Vous voyez cela?

LE MAITRE D'HOTEL

Très bien, monsieur, mais...

GEORGES *lui donne encore cent francs.*

Mais?

LE MAITRE D'HOTEL *fait disparaître
prestement le billet.*

Il n'y a pas de mais.

GEORGES

Vous avez toujours été extra?

LE MAITRE D'HOTEL, *blessé.*

On ne naît pas extra, monsieur, on le devient, à son corps défendant. J'ai servi dix-sept ans chez le duc Samuel.

GEORGES

Dix-sept ans? et vous avez tout de même dû le quitter?

LE MAITRE D'HOTEL, *flatté.*

Monsieur est bien aimable de supposer que c'est moi. C'est M. le duc qui a dû me quitter le premier.

GEORGES

Ruiné?

LE MAITRE D'HOTEL

Physiquement, monsieur, par les abus. Le cœur était à bout; le rein refusait son office; les artères, monsieur, de vrais tuyaux de pipe...

GEORGES

C'est bien. Épargnez-moi la description complète. L'essentiel pour moi est que vous ayez servi en maison bourgeoise. Comment vous appelez-vous?

LE MAITRE D'HOTEL

Graduzac.

GEORGES

Je voulais dire votre prénom.

LE MAITRE D'HOTEL

Émile. Mais l'usage pour un extra...

GEORGES

Émile, ce que j'ai à vous demander est précisément inusité. Vous avez de l'imagination, mon cher... Essayez de vous figurer que vous m'avez fait sauter sur vos genoux.

LE MAITRE D'HOTEL *recule*.

Moi, monsieur?

GEORGES

Vous, Émile.

LE MAITRE D'HOTEL, *gêné*.

Je ne sais pas si monsieur se rend compte que je suis un homme d'âge et que rien dans mon physique ne peut prêter à des suppositions...

GEORGES

Nous ne nous comprenons pas! Ce que je vous demande est très simple et, croyez-moi, bien acceptable. Il doit être courant qu'on vous prie de ne pas dire que vous êtes un extra, mais bien le maître d'hôtel de la maison?

LE MAITRE D'HOTEL

Neuf fois sur dix, monsieur... La vanité mène le monde.

GEORGES

Eh bien, je vais d'abord vous demander cela. Je vais même vous demander un peu plus que ce qu'on demande à l'ordinaire. Émile, vieux serviteur de la maison, je vais vous demander de m'avoir vu naître. Cela vous ennuierait beaucoup de m'avoir vu naître?

LE MAITRE D'HOTEL

Cela serait un honneur pour moi, monsieur. Un honneur et un plaisir. J'adore les bambins.

GEORGES

Pour le plaisir, il est trop tard, je le regrette. Mais acceptez au moins l'honneur.

LE MAITRE D'HOTEL

Avec plaisir! A partir de cet instant, je me considère comme ayant vu naître monsieur.

GEORGES

Donc vous m'avez vu naître et vous m'avez fait sauter sur vos genoux quand je n'étais pas plus haut que cela...

LE MAITRE D'HOTEL *respire.*

Pas plus haut que cela... Avec la taille tout change! Je demande pardon à monsieur de ce que j'ai pu penser, mais je ne suis pas sans avoir été abordé, comme les autres, par de louches personnes qui...

GEORGES *le coupe.*

Combien vous ai-je donné tout à l'heure?

LE MAITRE D'HOTEL

Je l'ai oublié, monsieur. Chez moi c'est un principe.

GEORGES

Bon. Si je vous donnais le double pour jouer le rôle du vieux serviteur de la famille pendant le dîner de ce soir, cela irait?

LE MAITRE D'HOTEL

Monsieur peut-il ajouter cent francs?

GEORGES

Soit.

LE MAITRE D'HOTEL, *soudain plein d'allant.*

Dans ce cas, je suis au service de monsieur depuis de longues années. Si monsieur le veut bien, mon père était déjà le maître d'hôtel de la famille. Moi, j'ai servi tout jeune aux cuisines, puis je suis parti bourlinguer par le monde afin d'apprendre le métier; et, quand l'heure a sonné pour papa de songer à la retraite, je suis venu prendre sa place ici.

GEORGES

Bravo! Mais, tout de même, ne brodez pas trop. Je vais vous présenter à mes parents dans un instant.

LE MAITRE D'HOTEL

Mais M. le père de monsieur et Mme la mère de monsieur ne seront-ils pas étonnés?...

GEORGES *sourit.*

Pas le moins du monde, rassurez-vous.

On sonne.

Émile, vous pouvez aller ouvrir.

LE MAITRE D'HOTEL, *faisant un pas pour sortir*

Bien, monsieur le baron.

GEORGES *sursaute.*

Comment?

LE MAITRE D'HOTEL, *ingénu.*

Monsieur ne préfère pas que je lui donne un titre tant que nous y sommes?...

GEORGES

Entendez-moi bien, mon vieux. Il ne s'agit pas du tout de faire grande maison. Vieux serviteur simple et honnête qui fait presque partie de la famille, voilà votre ligne... Je ne vous cache pas que si je n'avais pas été à court de temps j'aurais même préféré une vieille servante bretonne...

LE MAITRE D'HOTEL, *avec reproche*.

Oh! Monsieur... C'est un personnage tellement surfait! Un homme de goût comme monsieur...

GEORGES

En tout cas, la plus grande simplicité et pas de titre, hein, mon vieux?

LE MAITRE D'HOTEL

Comme monsieur voudra... Un détail cependant : sommes-nous ici dans la maison de monsieur ou dans celle des parents de monsieur?

GEORGES

Dans la maison de mes parents.

LE MAITRE D'HOTEL

Dans ce cas, monsieur voudra-t-il avoir l'amabilité de me rappeler son prénom? La tradition veut, en effet, que j'appelle le père de monsieur : monsieur tout court, et monsieur : monsieur Jean, ou monsieur Lucien, ou monsieur...

GEORGES, *le coupant*.

Georges.

LE MAITRE D'HOTEL

Monsieur Georges. *(Il répète :)* Monsieur Georges. Bien. Je me mets le nom dans la bouche. *(Il répète encore gravement :)* Monsieur Georges... Ça va. Je vais ouvrir. Où dois-je introduire, monsieur Georges?

GEORGES

Ici même, Émile.

Le maître d'hôtel sort et revient presque aussitôt annoncer.

LE MAITRE D'HOTEL

Madame de Montalembreuse et Monsieur Philémon!

Acte I

GEORGES, *allant aux deux personnages
qui viennent d'entrer*.

Je vous remercie. Vous êtes exacts... Vous êtes venus ensemble?

PHILÉMON

Nous nous sommes rencontrés à la gare. Vous dire notre surprise! Deux vieux amis qui s'étaient perdus depuis dix ans. Je marchais, tout à coup...

Ils miment la rencontre sur-le-champ.

« Tiens, Émilienne! ma bonne amie... »

MADAME DE MONTALEMBREUSE

« Mon bon ami Ferdinand! Se retrouver après dix ans de tournées... »

PHILÉMON

« Ma bonne amie, il t'en souvient, de nos triomphes en Égypte?... » et patati et patata... « Mais où vas-tu? » « Et toi? »

MADAME DE MONTALEMBREUSE

« 32, rue Du-Guesclin... » « Mais moi aussi!... » « Tu es donc engagée chez le jeune homme? »

PHILÉMON

« Toi aussi?... Non? Ah! c'est trop drôle! Allons ensemble! » Et nous voilà partis bras dessus, bras dessous comme autrefois...

GEORGES

Bravo!

PHILÉMON

Attendez, attendez. Arrivés à la place Clemenceau, Émilienne s'arrête net. « Qu'est-ce que tu as, ma bonne amie? As-tu oublié quelque chose? » Elle me pince le bras : « Ferdinand, nous avons joué dans cette ville! »

MADAME DE MONTALEMBREUSE

Quelque chose me le disait!

PHILÉMON

Alors, moi, sceptique : « Des places Clemenceau, il y en a partout, ma bonne amie. » « Je te dis que quelque chose me le dit! » Et soudain elle s'écrie : « Regarde la statue! »

MADAME DE MONTALEMBREUSE, *avec un geste*.

Ah! cette statue.

PHILÉMON

Je regarde la statue; je m'arrête, cloué sur place...

GEORGES, *coupant court*.

Et vous aviez vraiment joué ici autrefois?

PHILÉMON, *très simplement*.

Non, c'était une erreur.

GEORGES

Excusez-moi de ne pas vous demander la suite de cette histoire, mais j'ai dû improviser beaucoup de choses ce soir. Nous avons très peu de temps devant nous.

PHILÉMON

Guillotard, en effet, nous avait parlé de ce cachet pour mardi ou mercredi.

GEORGES

Mes projets ont été changés à la dernière minute. J'aurai besoin de votre concours dès ce soir. Si vous voulez bien vous asseoir, je vais vous expliquer ce que j'attends de vous.

Tous s'assoient.

MADAME DE MONTALEMBREUSE

Oui, au fait... Je ne vous cache pas que je suis très intriguée... De quoi s'agit-il au juste?

PHILÉMON

Oui, de quoi s'agit-il? Nous sommes venus de confiance parce que nous avons été mis en rapport avec vous par notre excellent ami commun Guillotard. Mais si nous nous flattons de savoir jouer la comédie, et de la jouer depuis longtemps, nous ne savons cependant pas tout faire. Guillotard nous a laissé entendre qu'il s'agissait de quelque chose d'un peu spécial.

GEORGES

C'est un peu spécial, oui.

PHILÉMON, *avec l'air indulgent d'un homme habitué à tous les caprices des amateurs*.

Eh bien, nous vous écoutons, mon cher monsieur.

MADAME DE MONTALEMBREUSE

Nous sommes tout ouïe. *(Elle rit.)* Tu te rappelles comme il disait cela les jours de lecture, le vieux Gado, l'ancien régisseur de l'Ambigu?

PHILÉMON, *riant aussi*.

Ah! mon Dieu, qu'il était drôle! Mais, au fait, qu'est-il devenu, le vieux Gado?

MADAME DE MONTALEMBREUSE

Comment! tu n'as pas appris qu'il était mort?

PHILÉMON

Non? Gado?

MADAME DE MONTALEMBREUSE

Oui, « nous sommes tout ouïe, tout ouïe », il est mort!

PHILÉMON *rit aux larmes*.

Nous sommes tout ouïe, tout ouïe, tout ouïe! Mon Dieu, qu'il était drôle! *(Il devient brusquement triste.)* Pauvre Gado!

MADAME DE MONTALEMBREUSE, *qui riait
aux éclats avec lui,
s'arrête tout aussi brusquement.*

Pauvre Gado!

*Ils se retournent ensemble vers Georges avec
des masques impassibles.*

GEORGES *continue, un peu surpris.*

Voilà, il ne s'agit pas à proprement parler de jouer la comédie, la comédie sur un théâtre...

PHILÉMON *le coupe soudain.*

Attention, je vous arrête! Il ne s'agit pas de cinéma, au moins?

GEORGES

Mais non, pas du tout.

PHILÉMON *se retourne
vers M*^{me} *de Montalembreuse.*

Je viens de tourner quelques jours avec Bourbenski... On ne m'y reprendra plus, ma bonne amie! Qu'est-ce que vous voulez, vous avez peut-être outre-Atlantique des garçons qui sont nés là-dedans et qui y font montre d'un certain talent, mais moi, je suis une bête de théâtre. Le contact humain, le contact humain. Qu'est-ce que tu veux, c'est plus fort que moi, je ne puis rien sans le contact.

MADAME DE MONTALEMBREUSE

Tu veux que je te dise? Je suis comme toi. Il faut que je les sente là qui vibrent avec moi; leurs larmes, leurs rires prêts à fuser au moindre signe. Cela me fait penser à un cheval, un cheval sauvage qui se cabre et qu'il faut dompter. Au fait, mon bon ami, tu es remonté depuis Biarritz?

PHILÉMON

Remonté? mais, ma chère, avec leur cinéma, où veux-tu prendre une minute? *(Il se souvient soudain de Georges.)* Mais... Monsieur, encore une fois pardon. Venons au fait. Comme le disait ce camarade dont nous évoquions le souvenir tout à l'heure, nous sommes tout ouïe.

Ils se remettent à rire, puis s'arrêtent soudain.

Pauvre Gado!

MADAME DE MONTALEMBREUSE, *dans un soupir.*

Pauvre Gado!

GEORGES, *un peu agacé.*

Je m'excuse de devoir vous demander maintenant toute votre attention. Mais dans une demi-heure mes invités seront là, et chacun doit savoir auparavant quel est son rôle.

PHILÉMON

Pardon... pardon... cher monsieur, vous n'avez tout de même pas l'intention de nous demander de jouer dans une demi-heure un rôle que nous n'avons pas encore lu...?

GEORGES

Si.

PHILÉMON

Mais le texte, monsieur, le texte!... Permettez-moi de vous dire que vous parlez un peu légèrement d'un métier que vous ne connaissez pas.

GEORGES

Rassurez-vous, vous n'aurez aucun texte à apprendre.

MADAME DE MONTALEMBREUSE

Vous n'allez pas nous faire improviser, tout de même?

GEORGES

Ne vous effrayez pas avant de savoir ce que j'attends de vous, je vous en prie. En vérité, je ne vous cache pas que je me suis adressé à des comédiens

pour avoir toutes les garanties possibles et puis aussi
parce que je ne savais pas trop à qui demander ce
genre de service. Mais ce que vous allez avoir à faire
est si facile que n'importe qui aurait pu s'en tirer.

PHILÉMON

Des amateurs... Eh bien, cher monsieur, je vous en
souhaite!

GEORGES

Il s'agit tout simplement de dîner ce soir à ma
table et de soutenir avec mes invités une conversation... aussi brillante que possible.

PHILÉMON *s'est dressé, ravi.*

Ah! j'y suis... C'est une idée qui fera son chemin,
je vous le prédis. D'ailleurs il y a déjà longtemps que
je l'avais eue. Original, ma bonne amie, extrêmement
original!... En somme, si je vous comprends bien, cher
monsieur, vous organisez un dîner; et, comme vous
avez peur qu'il ne manque d'entrain, vous avez
l'intention de mêler aux gens du monde qui sont vos
invités quelques êtres que leur profession, leurs dons
exceptionnels ont rendus naturellement plus brillants,
plus...

GEORGES *le coupe.*

Ce n'est pas exactement cela... Je ne doute pas,
croyez-le bien, du charme de votre conversation ni de
votre esprit d'à-propos, mais je veux surtout faire
appel ce soir à cette facilité professionnelle avec
laquelle vous vous emparez d'un trait de caractère
ou d'une émotion pour les faire vôtres... sans souffrir.

PHILÉMON

Que voulez-vous, cher monsieur, si nous n'avions
pas ce petit talent-là, on nous emploierait à clouer
des chaussures... comme les autres!

MADAME DE MONTALEMBREUSE

Nous n'y pouvons rien, pauvrets que nous sommes!
C'est le don. On l'a ou on ne l'a pas.

GEORGES

Je ne doute pas que vous ne l'ayez. C'est pourquoi je vous ai demandé de m'aider. Voilà. J'ai dit mes invités tout à l'heure. C'est « mon invitée » que j'aurais dû dire. J'attends une jeune fille qui va arriver d'un moment à l'autre. Cette jeune fille — vous voyez que je me confie entièrement à vous — cette jeune fille est ma maîtresse. Pour des raisons qu'il serait trop long de vous expliquer en détail, j'ai été amené à lui mentir. Oh! rien de grave, vous allez le voir... Mon mensonge se résume à peu près à ceci... Mes parents sont morts et je lui ai dit qu'ils étaient encore vivants, qu'ils habitaient les environs de Paris... Pourquoi?...

Pendant tout ce qui suit, il aura visiblement l'air d'improviser.

Oh! pour une raison bien simple... pour expliquer certaines absences auxquelles une ancienne liaison que je ne pouvais lui avouer m'obligeait plusieurs fois par semaine... Ce n'est pas tout. Je n'ai pas d'amis. Vous savez comme un homme amoureux peut être faible...

PHILÉMON

Ah! là là!...

MADAME DE MONTALEMBREUSE

Et une femme donc!

GEORGES

Comme cette jeune fille, qui est un petit être pur qui croit à l'amitié, s'étonnait un jour qu'un garçon de mon âge n'ait pas d'ami... je m'en suis créé un de toutes pièces pour ne pas la décevoir. Et, naturellement, tant que j'y étais j'ai bien fait les choses... je me suis créé le meilleur ami du monde : loyal, sincère, dévoué. Puisque c'était pour lui faire plaisir, n'est-ce pas... Il n'y avait pas à lésiner...

PHILÉMON

Ah! l'amour... l'amour... Je vous promets que j'en ai fait bien d'autres. Figurez-vous qu'une fois, à Perpignan, j'ai fait croire à une petite blanchisseuse que j'étais champion de football.

GEORGES, *qui a continué sans l'entendre.*

Mais, en créant ainsi ces êtres imaginaires, je ne me doutais pas de l'imprudence que je commettais. Cette jeune fille, mon amie, a pris peu à peu l'habitude de me demander de leurs nouvelles. Puis, ce que j'ai pu inventer sur leur compte l'ayant intéressée, elle s'est étonnée que je ne lui montre pas des êtres qui me touchaient d'aussi près. J'ai pu longtemps prétexter des maladies, des absences; mais elle part demain pour la province, qu'elle habite la plus grande partie de l'année. Je n'ai pas pu reculer davantage. Elle vient ici ce soir pour dîner avec mes parents et ce mystérieux ami dont je lui ai tant parlé.

PHILÉMON

Je commence à y voir clair... Vous allez nous demander d'être ces parents, cet ami?

GEORGES

Et de dire ce soir au cours du dîner ce qu'ils auraient pu dire s'ils avaient existé.

PHILÉMON

Bravo!

MADAME DE MONTALEMBREUSE

Bravo! moi, je trouve cela follement amusant!

PHILÉMON

Follement! Mais, dites-moi, qui fera l'ami?

GEORGES

Je n'ai pas voulu demander un comédien pour l'ami. Des parents, mon Dieu, ce sont des rôles faciles... Aux maîtresses de leur garçon ils parlent toujours de ses mots drôles à dix-huit mois et de sa terrible crise de croissance. Elles n'en tirent généralement pas beaucoup plus... Mais un ami... Une femme peut lui demander tant de choses... Alors, voilà ce que j'ai décidé. Cet ami, nous mettrons son couvert à table, nous l'attendrons pour dîner aussi longtemps qu'il sera convenable de l'attendre... mais sa place restera vide. Il ne viendra pas. *(Il ajoute doucement, comme pour lui :)* Et de cette façon il aura toutes les chances de demeurer un ami parfait.

Il y a un petit silence.

PHILÉMON

Je regrette que vous vous soyez arrêté à cette solution. Je connais un garçon de grand talent qui aurait parfaitement fait l'affaire.

GEORGES, *souriant.*

Je ne le pense pas.

MADAME DE MONTALEMBREUSE

Cher monsieur, laissez-moi vous dire que je suis follement heureuse de jouer le rôle d'une maman! Ce sont toujours les plus beaux rôles. Surtout quand on est encore une femme jeune, n'est-ce pas?... Il y a une certaine coquetterie...

GEORGES

Oui, mais ne vous imaginez rien tant que nous n'aurons pas établi vos rôles ensemble. Car, vous vous en doutez bien, je lui ai parlé en détail de chacun de vous, et c'est là que votre grand talent pourra donner toute sa mesure : faire revivre en chair et en os les personnages mêmes que mes mensonges ont pu lui faire imaginer.

PHILÉMON

Attendez! attendez, mon cher! j'ai justement l'idée d'une silhouette de père extraordinaire. Une minute, j'ai là tout ce qu'il me faut.

Et, avant que Georges ait pu esquisser un geste, il passe derrière un paravent avec sa mallette.

MADAME DE MONTALEMBREUSE *minaude*.

Me voilà avec un grand garçon, maintenant! Un grand garçon que j'adore, n'est-ce pas? Vous ne m'avez pas fait un rôle de mauvaise mère au moins? Je serais incapable de le jouer.

GEORGES

Une excellente mère et qui adore son fils.

MADAME DE MONTALEMBREUSE

Guillotard m'avait dit de mettre une robe noire... Celle-ci a un soupçon de couleur... mais ce n'est pas une dame en deuil?

GEORGES

Non.

MADAME DE MONTALEMBREUSE

Alors, croyez-moi : ce qu'il faut dans un personnage de jeune maman, c'est sentir que, malgré tout, elle est restée très femme.

GEORGES

Non, c'est tout le contraire. Il ne faudra pas sentir cela du tout.

MADAME DE MONTALEMBREUSE, *vexée*.

Comme vous voudrez, mais, pourtant, avec mon physique vous comprenez bien que je ne peux pas jouer une vieille peau!

GEORGES

Attendez, je vous en prie, nous allons parler de votre personnage en détail...

A ce moment, un vieillard ridé et barbu est entré dans le salon, cassé en deux par les ans. Georges a reculé.

Qu'est-ce que c'est?

Acte I

PHILÉMON, *car c'est lui.*

C'est moi, pardi... Ah! ah! ah! ah! ah!... C'est extrêmement drôle, il a été pris lui-même au piège!

GEORGES, *atterré.*

Mais ces rides... cette fausse barbe... Vous n'allez pas dîner comme cela, j'espère?

PHILÉMON

Non, non, rassurez-vous. Je les referai mieux. Ce n'était que pour vous donner une idée de l'ensemble.

GEORGES

Mais c'est impossible, voyons... Nous ne nous sommes pas compris.

PHILÉMON, *se mettant soudain en colère.*

Mais sacrebleu, monsieur, vous m'avez dit un personnage de père! Je vous compose un personnage de père. Vous n'avez pas la prétention de m'apprendre mon métier, tout de même!...

GEORGES

Mais enfin, c'est inouï! Tel que vous étiez tout à l'heure...

PHILÉMON

Entendons-nous. Vous voulez un personnage de grand premier rôle ou un personnage de père? Si vous m'avez demandé, comme j'ai cru l'entendre, un personnage de père, en voilà un.

GEORGES

Mais enfin, monsieur, quel âge avez-vous?

PHILÉMON

Cinquante-deux ans, monsieur, dont trente-quatre de métier, et ce n'est pas un galopin...

MADAME DE MONTALEMBREUSE, *essayant de le calmer.*

Mon bon ami... mon bon ami.

GEORGES

Écoutez. Vous avez cinquante-deux ans. J'en ai vingt-huit. Il me semble, de toute bonne foi, que ce n'est pas violenter la nature de vouloir vous faire passer pour mon père sans postiches.

PHILÉMON *s'arrache rageusement la barbe.*

Oh! après tout, je suis bien bon de me donner tant de mal! Si vous voulez faire jouer un rôle de père par une silhouette de grand premier rôle... faites-le. En somme, le succès de l'entreprise ne regarde que vous. Sachez cependant que si je cède, c'est parce qu'il ne s'agit que d'une fantaisie de jeune homme. J'ai le respect de mon métier, moi, monsieur. S'il y avait eu une œuvre d'art à défendre, je vous promets bien que cela aurait été une autre paire de manches!

Il rentre se dégrimer derrière son paravent. Il reviendra, d'assez mauvaise humeur, au cours de la scène suivante.

GEORGES, *qui s'est mis soudain
à parler âprement.*

Il faut pourtant que vous compreniez que je ne vous ai pas fait venir pour imaginer à votre gré des pères ou des mères de théâtre. Ces personnages existent. Ces personnages sont déjà à moitié vivants. Quelqu'un croit en eux. Quelqu'un attend d'eux certaines paroles, certains gestes : une certaine atmosphère autour de moi. Si vous avez cette conscience professionnelle qui honore la plupart des gens de votre métier, il faut vous soumettre à moi comme au plus exigeant metteur en scène et m'aider de toutes vos forces à faire naître le père, la mère, l'ami que cette jeune fille se prépare à trouver ici tout à l'heure.

Les comédiens, surpris par ce ton, se sont rapprochés de lui, interdits.

Ma conduite doit vous paraître extravagante, je le sais. Vous qui êtes habitués à un théâtre où l'on ne mélange pas les genres, vous devez regarder avec

étonnement ce jeune homme qui vous entraîne vers
un vaudeville avec des traits tirés, des mains qui
tremblent... D'autres ont la tragédie tout naturellement à leur disposition; au moindre départ, à la plus
petite peine, ils peuvent agiter leur mouchoir ou y
aller de leur larme, entourés de l'émotion unanime.
Il se trouve que, moi, j'ai à jouer ma vie sur un
vaudeville. Voilà. *(Il s'est levé. Il est gêné.)* Alors
soyez chic. Aidez-moi à faire vivre pour un soir ces
personnages imaginaires dans cette maison d'em-
prunt... Je les attends, croyez-moi, comme père,
mère et ami véritables n'ont jamais été attendus au
retour du plus long voyage.

Les comédiens toussent, émus.

MADAME DE MONTALEMBREUSE

Vous savez bien, cher monsieur, qu'une femme est
toujours prête à seconder l'amour...

PHILÉMON

Nous sommes à votre disposition, cher monsieur...
Et pour ma vivacité de tout à l'heure...

GEORGES *a un geste qui les arrête.*

Je vous remercie... Mais, je vous en supplie, ne
parlez déjà plus en votre nom propre. Cessez de
m'appeler cher monsieur. Il faut que nous commencions tout de suite. Nous avons si peu de temps
pour apprendre à nous adresser la parole avec la
pudeur exacte d'une vieille tendresse, pour apprendre
à tisser entre nous ce bon silence des êtres qui n'ont
plus à se parler pour se comprendre.

PHILÉMON

Oh! vous savez, cher monsieur, le silence au théâtre,
c'est encore ce qu'on réussit le plus facilement... Ce
qu'il faudrait nous dire, c'est plutôt le reste...

GEORGES

Je vais vous dire... D'abord toi, papa, pourquoi
t'es-tu figuré que tu portais cette barbe de vieux

pion? Tu es un vieux monsieur charmant, très jeune encore, d'une jeunesse contre laquelle le temps ne peut rien. Tu es le papa idéal, celui qui, avec la barbe, a renoncé aussi au genre « biblique », celui qui a su à temps se transformer en un grand frère. Un grand frère qui ne jouerait même pas les frères aînés, mais les camarades; tu es mon camarade, papa. D'ailleurs, tu t'habilles comme moi, et même — mais c'est tout naturel à ton âge — en plus jeune.

PHILÉMON

Mais tout de même... un père, n'est-ce pas?

Il a un geste.

GEORGES *sourit.*

Bien sûr, papa... les jours, où, précisément, un grand frère ordinaire aurait le droit de penser d'abord à lui; les jours où il faut se dévouer, pardonner, donner de l'argent aussi... Ces jours-là tu redeviens un vrai papa, fort et rassurant, avec lequel on peut se permettre d'être une minute encore un petit garçon.

PHILÉMON

Oui, mon petit.

GEORGES, *joyeux.*

Car c'est vrai. Tu m'appelles mon petit. C'est un peu ridicule, mais, tu vois, je ne te l'avais jamais dit, cela me fait plaisir.

PHILÉMON *lui prend la main.*

C'est vrai?

GEORGES

Oui, papa.

PHILÉMON, *d'un autre ton.*

Est-ce que ce geste n'est pas trop tendre pour un ancien magistrat?

GEORGES

Mais c'est que vous n'êtes pas du tout un ancien magistrat! Où avez-vous été chercher cela?

PHILÉMON

Une idée comme cela... J'aurais aimé incarner un ancien magistrat.

GEORGES

Non, non. Tu n'es pas un ancien magistrat, papa. Il t'a toujours fallu des semaines d'enquêtes et de scrupules pour oser renvoyer une bonne qui volait, et encore avec quel prestigieux certificat... Je ne te vois pas condamnant chaque après-midi tes deux douzaines de pauvres bougres.

PHILÉMON

Mais qu'est-ce que je suis alors, fiston : riche négociant, puissant industriel?

GEORGES

Oh! non, papa. A essayer de gagner tous les jours beaucoup d'argent on prend de si vilaines habitudes. Si tu veux, tu seras fonctionnaire. C'est un état dans lequel je te vois assez bien.

PHILÉMON, *inquiet*.

Mais pas un scribouillard de rien du tout? Un poste de sous-directeur tout de même?

GEORGES, *généreux*.

Directeur, papa!

PHILÉMON, *satisfait*.

Merci, fiston.

MADAME DE MONTALEMBREUSE, *se fâchant, mutine*.

Et moi?... et moi?... on ne parle jamais de moi.

GEORGES, *soudain grave.*

Le rôle de la mère... C'est le plus difficile. Quelle gamme de l'ennemie à perruque grise, qui défend chèrement son héritage, à la mère inquiétante qui frémit et perd le fil de la conversation comme une amoureuse quand son fils entre ou sort du salon!

MADAME DE MONTALEMBREUSE

Un bon rôle de mère doit contenir toutes les mères, c'est bien simple!

GEORGES

Non, je voudrais que celui-ci soit tout simple. Évident. La mère telle qu'on la décrit dans les livres d'enfants. Telle que les petits garçons la rêvent dans les cuisines, à côté des bonnes, en attendant que leur vraie maman rentre — trop parfumée — de ses éternelles courses de l'après-midi. Une mère qui n'aurait pas de courses à faire dans les magasins, pas d'amis à voir. Une mère admirable en somme.

MADAME DE MONTALEMBREUSE

Toutes les mères sont admirables, cher monsieur, l'instinct parle!

GEORGES

Il suffit d'une si légère négligence. Un sourire à un homme étranger qu'on laisse surprendre. Un seul mot trop dur, un jour d'exaspération, quand on n'a plus devant soi qu'un petit ennemi désarmé, mais irréductible. Un seul baiser oublié. Et un enfant, c'est là à vous épier, à tout exiger de vous chaque jour aussi tyranniquement, aussi minutieusement qu'un sergent de semaine. Oh! je sais bien que ce n'est pas un rôle facile, celui de la mère. C'est un rôle où l'on ne peut pas se faire doubler et qu'il ne faudrait pas accepter à la légère, voilà tout.

MADAME DE MONTALEMBREUSE

Certes, mais vous pensez bien qu'avec mon emploi

c'est un rôle qui m'est familier! Si vous m'aviez vue
dans « Bretagne d'abord! »

PHILÉMON

Ah! mon amie, que tu étais belle.

GEORGES

Je me méfie des mères de théâtre. Elles se dévouent
trop facilement, à tout propos.

MADAME DE MONTALEMBREUSE

Oh! mais j'ai joué aussi des mauvaises mères.
Tenez, dans « La Grande Coupable », cher monsieur,
j'abandonnais mon enfant sur les marches d'une
église.

GEORGES

Précisément, je me méfie aussi des mauvaises
mères de théâtre. Elles en font beaucoup trop. Avec
elles un vrai enfant n'aurait même pas le loisir d'être
malheureux. Il serait mort ou idiot tout de suite.
A-t-on idée, d'abord, d'abandonner son bébé sur les
marches d'une église quand il y a tant de façons si
simples d'abandonner un enfant, même en le gardant commodément chez soi jusqu'à sa majorité.

MADAME DE MONTALEMBREUSE

Écoutez, vous commencez à me faire peur... Si
vous croyez que je ne peux pas jouer le rôle...

PHILÉMON

Inutile de vous dire, jeune homme, que dans ce
cas, je me solidarise avec ma camarade.

GEORGES

Mais qu'allez-vous chercher? Je suis persuadé que
vous le jouerez très bien, ce rôle, au contraire...
Tenez, d'ailleurs, pour nous tranquilliser tous les
deux, pour nous donner le ton, nous allons faire, si
vous le voulez bien, une petite expérience. Nous allons
jouer une scène, une scène classique... Voilà. J'ai

vingt ans. Je suis un garçon faible, facile à convaincre, pas très courageux devant la vie. Mettons, pour poser la situation, que vous venez de combiner pour moi un riche mariage... *(Il répète, lointain tout à coup :)* ... Un très riche mariage que vous n'auriez pas dû combiner, vous, ma mère. Je suis entré dans votre chambre. J'ai parlé de choses et d'autres, et brusquement je m'approche de vous, gêné : « Maman... » Allez, essayons, jouons la scène...

PHILÉMON *bondit.*

Une minute! une minute! Comment, toi, Émilie de Montalembreuse, une des anciennes de l'Union, tu vas accepter une audition pour une affaire d'un cachet?

MADAME DE MONTALEMBREUSE

Mais ce n'est pas pareil, tu comprends. Je veux rassurer monsieur...

PHILÉMON

A ton aise, ma bonne amie... mais permets-moi de te dire que je ne te reconnais plus!

GEORGES

Allons-y : « Maman... »

MADAME DE MONTALEMBREUSE

Je vous réponds?

GEORGES

Oui.

MADAME DE MONTALEMBREUSE, *jouant.*

Qu'est-ce qu'il y a, mon petit?

GEORGES, *les yeux fermés, d'une drôle de voix; on ne sait plus à qui il parle.*

Maman, je ne me marierai pas avec la fiancée que tu m'as trouvée, si riche qu'elle soit. Cela m'est égal d'être riche, maman. J'aime une jeune fille qui est pauvre, qui travaille, avec qui je ne pourrais même pas me marier. Je voudrais partir, vivre avec elle... aide-moi.

MADAME DE MONTALEMBREUSE *hésite,*
surprise par le ton peut-être,
puis elle dit, ma foi, très noblement.

J'avais cru bien faire, mon petit. Mais, si ton bonheur est autre part, il ne faut pas hésiter; pars et sois heureux. A ton âge, c'est l'amour qui n'a pas de prix.

Georges a écouté, les yeux fermés, en silence.

MADAME DE MONTALEMBREUSE,
un peu inquiète, change de ton.

Ça va?

GEORGES *rouvre les yeux comme surpris.*

Pardon. Cela va très bien... C'est même exactement ce qu'aurait répondu la mère que j'ai imaginée. Mes compliments. C'est une phrase d'un de vos rôles?

MADAME DE MONTALEMBREUSE

Non, je l'ai inventée.

GEORGES

Avec quel à-propos! Vous avez un fils peut-être qui vous a déjà posé la question?

MADAME DE MONTALEMBREUSE *minaude.*

Eh bien, oui, je l'avoue. C'est exact. On ne le croirait pas, hein, avec l'âge que je porte... J'ai un grand fils, et il est venu me demander presque la même chose l'année dernière; alors, forcément, j'étais préparée...

GEORGES *la regarde, plein d'admiration.*

Et c'est ainsi que vous lui avez répondu?

MADAME DE MONTALEMBREUSE,
soudain hors d'elle à ce souvenir.

Vous pensez! C'était avec une petite violoniste...

une petite putain de rien du tout... Je lui ai flanqué une paire de gifles, oui!

GEORGES *sourit.*

Je vous en supplie, je vous en supplie... oubliez vite monsieur votre fils et reprenez votre air de tout à l'heure... Voilà. Merci. Ayant oublié votre propre enfant, vous êtes redevenue une mère admirable. Cette jeune fille peut arriver d'un moment à l'autre... Habituez-vous à ce salon... Vous habitez ici depuis trente ans. Cherchez-y vos coins familiers... Maman, tu as peut-être un petit ouvrage de crochet?

MADAME DE MONTALEMBREUSE *va le prendre dans son sac.*

J'en ai toujours un dans mon sac; on attend si longtemps dans les agences!

GEORGES

Papa, tire ton journal de ta poche. Vous avez bien un journal sur vous?

PHILÉMON

J'ai « La Vie parisienne » et le « Journal des Débats ». Ma foi, je les ai trouvés ensemble, en venant, sur une banquette de mon compartiment.

GEORGES

Gardez-les tous les deux. Ce sont deux excellents attributs d'une vie bourgeoise bien ordonnée. Seulement mettez « La Vie parisienne » dans la poche intérieure de votre veston et lisez ostensiblement le « Journal des Débats ».

Le tableau est composé. Il recule, clignant de l'œil comme un peintre.

Voilà... Vous ne vous détestez pas, vous êtes même un vieux couple très uni. Vous pouvez approcher vos fauteuils.

Ils changent de place.

Parfait...

PHILÉMON, *fouillant soudain dans sa poche.*
Ah! diable, j'oubliais...

GEORGES

Qu'est-ce que c'est?

PHILÉMON

Rien, un détail, une nuance, mais une composition doit être minutieuse... Je me mets une Légion d'honneur.

Il se met la rosette.

GEORGES *les regarde un instant en silence et murmure.*

Quel étrange plaisir de réaliser ses mensonges!

Dans le silence, une horloge sonne huit heures avec une petite musique.

Huit heures. Elle va arriver. Ah! j'oubliais! Est-ce que vous savez jouer du piano, madame? J'avais demandé à M. Guillotard quelqu'un qui sache jouer du piano.

MADAME DE MONTALEMBREUSE

Je suis second prix du conservatoire d'Arcachon.

GEORGES

Parfait. Vous déchiffrerez donc facilement ce morceau. C'est un air que j'ai entendu un soir il y a longtemps... J'avais dix ans peut-être. Je traînais dans les rues tout seul... Les notes s'échappaient par une fenêtre éclairée... Je suis monté sur une borne et j'ai regardé. Dans un salon vieillot comme celui-ci il y avait une petite fille à nattes qui jouait du piano et toute la famille qui écoutait autour d'elle.

MADAME DE MONTALEMBREUSE, *qui déchiffre doucement au piano.*

C'est une valse d'Olivier Métra.

GEORGES

Quand j'ai connu cette jeune fille, j'ai été chanter

cet air à tous les marchands de musique jusqu'à ce que l'un d'eux l'identifie. Je l'ai chanté pendant deux mois. Je chante faux; il m'a fallu beaucoup de patience, et aux marchands de musique aussi, bien sûr. Ah! j'oubliais encore...

Il sort rapidement.

PHILÉMON

C'est un original. Nous avons été des imbéciles. Nous aurions dû demander cent francs de plus.

Georges est revenu avec un agrandissement photographique, qu'il déballe des journaux qui l'enveloppaient.

GEORGES

C'est un portrait de ma mère, qui a été tiré par le photographe à la fête du pays à peu près à l'époque où... *(Il hésite :)* enfin à l'époque où je l'ai perdue... *(Il regarde autour de lui, cherchant une place.)* Je vais le mettre ici. *(Il décroche un portrait.)* Ce vieillard barbu qui a l'air d'un galant homme se fera un plaisir de lui céder la place. *(Il cache le vieillard derrière un fauteuil, regarde autour de lui et dit drôlement :)* Et comme cela il y aura au moins quelque chose de vrai dans cette maison.

LE MAITRE D'HOTEL *est entré.*

Je demande pardon à monsieur. Je sais bien que le menu est commandé pour quatre, mais quelquefois... comme on sait que la maison fait les choses largement... Bref, combien faut-il mettre de couverts?

GEORGES

Mettez cinq couverts.

LE MAITRE D'HOTEL

Bien, monsieur. C'est bien ce que je pensais. *(Il sort en grommelant :)* Tous les mêmes!

GEORGES *lui crie.*

Mais rassurez-vous. Nous ne serons tout de même

que quatre à manger le menu de la maison Chauvin. Le cinquième convive ne mangera pas.

LE MAITRE D'HOTEL, *d'abord interloqué, croit comprendre. Il est ravi et très impressionné par ce détail.*

Ah! dans ce cas, je demande bien pardon à monsieur. C'est le couvert du pauvre, sans doute?

Georges le regarde.

Oui, chez M. le Duc, où l'on respectait toutes les traditions, on mettait les jours de grande fête un couvert supplémentaire au bout de la table pour le pauvre.

GEORGES

Et le pauvre venait quelquefois?

LE MAITRE D'HOTEL

Non, monsieur, jamais. Son assiette était mise, mais comme personne ne prenait la peine de le mettre au courant... le pauvre...

Il sort très digne, avec un geste désabusé. Dès qu'il est sorti, on sonne.

GEORGES

Deux coups, c'est elle! je lui ai dit de sonner deux coups. En place, vite! vous, madame, au piano et commencez à jouer. Toi, papa, derrière. Tu écoutes. Moi, je lis. Improvisez avec beaucoup de prudence, n'est-ce pas? et ne cessez pas de me regarder. Je vous couperai dès que cela deviendra dangereux. D'ailleurs vous en savez assez long pour tenir parfaitement votre rôle.

MADAME DE MONTALEMBREUSE

Mais et vous?... et vous?

GEORGES

Comment?

MADAME DE MONTALEMBREUSE

Elle va sûrement nous parler de vous. Vous ne nous avez rien dit de vous. Votre caractère, vos antécédents..

GEORGES

Bon Dieu, c'est vrai. *(Il va au fond, appelle :)* Émile! Émile!

LE MAITRE D'HOTEL *paraît.*

Monsieur, j'allais ouvrir.

GEORGES

C'est la jeune fille que j'attends. Traînez pour aller ouvrir, traînez pour la faire monter. Traînez tant que vous pourrez. *(Il revient vers les comédiens.)* Écoutez-moi bien tous les deux... Je n'ai d'ailleurs le temps de rien vous dire.

LE MAITRE D'HOTEL *reparaît, affolé.*

Monsieur, monsieur!

GEORGES

Qu'est-ce qu'il y a?

LE MAITRE D'HOTEL

J'ai oublié le prénom de monsieur!

GEORGES *lui crie.*

Georges!

LE MAITRE D'HOTEL

Monsieur Georges! Ça y est, cette fois c'est gravé!...
Il disparaît.

GEORGES *prend les deux autres.*

Je m'appelle Georges, mon ami s'appelle Robert.

MADAME DE MONTALEMBREUSE ET PHILÉMON

Oui.

GEORGES

J'ai vingt-huit ans.

MADAME DE MONTALEMBREUSE ET PHILÉMON

Oui.

GEORGES

Je suis timide. Commencez à jouer.

MADAME DE MONTALEMBREUSE *attaque doucement la valse d'Olivier Métra.*

Bien.

GEORGES

Je n'ai aucune imagination.

PHILÉMON

On ne le dirait pas!

GEORGES

Je suis un brave jeune homme un peu provincial, un peu bête, courageux, bon.

PHILÉMON

Bon!

GEORGES

J'ai été un petit garçon turbulent et brutal, mais quand on me parlait doucement, je rougissais et je fondais en larmes.

PHILÉMON

Parfait.

GEORGES

Je crois à l'amour, à l'amitié. Je me ferais tuer pour mon ami Robert et il se ferait tuer pour moi.

PHILÉMON

Bravo!

GEORGES

Il vient sûrement de lui ouvrir la porte... *(Il continue fébrilement :)* J'ai fait mon service militaire dans l'infanterie, 2e classe à Tarbes. Vous m'envoyiez des paquets de pain d'épice et de chocolat toutes les semaines.

MADAME DE MONTALEMBREUSE

Pain d'épice et chocolat, entendu.

GEORGES

J'ai fait des études d'ingénieur. J'ai eu la varicelle étant petit.

MADAME DE MONTALEMBREUSE

Tous les enfants l'ont.

GEORGES, *qui écoute.*

Ils montent l'escalier. Je n'ai plus le temps de rien vous dire. *(Il ajoute vite :)* Je suis fidèle.

Un temps. Ils attendent, figés. Il dit encore doucement dans le silence.

Et j'adore grimper aux arbres.

LE MAITRE D'HOTEL *est entré, hésitant.*

Monsieur...

GEORGES *voit son air embarrassé.*
*Il arrête M*me *de Montalembreuse d'un geste.*

Qu'est-ce que c'est?

LE MAITRE D'HOTEL

Monsieur, c'est un bossu.

GEORGES

Un bossu?

LE MAITRE D'HOTEL

Oui, monsieur. Il dit qu'il vient de la part de mademoiselle Barbara.

GEORGES *a sursauté.*

Fichez-le dehors immédiatement!

LE MAITRE D'HOTEL *a un geste.*

Oh! monsieur, un infirme... D'ailleurs, il est déjà parti. C'est un voisin qui a le téléphone. Il était simplement porteur d'une commission pour monsieur. *(Il récite :)* M{ᴵᴵᵉ} Barbara, qui a appelé chez lui au 34 de la même rue, ne nous trouvant pas dans l'annuaire, M{ᴵᴵᵉ} Barbara fait dire à monsieur qu'il faut que monsieur appelle au plus vite Wagram 16-19. Qu'il paraît qu'il y a eu du grabuge rapport à ce que devine monsieur et que, si monsieur ne donnait pas signe de vie au plus tôt, il se pourrait qu'il y ait — je répète à monsieur les propres termes de M{ᴵᴵᵉ} Barbara — du pétard.

Georges n'a pas bougé, les poings serrés. Le maître d'hôtel répète, impassible.

Du pétard.

Georges sort brusquement et revient avec son imperméable.

GEORGES

Cette jeune femme va arriver pendant mon absence. Recevez-la. Si je n'étais pas rentré dans une demi-heure, c'est que j'aurais été obligé d'aller à Paris... Commencez à dîner avec elle sans vous occuper de moi.

Et, avant que Philémon et M{ᵐᵉ} de Montalembreuse aient pu faire un geste, il est sorti. Ils se retournent vers le maître d'hôtel, qui répète, sibyllin.

LE MAITRE D'HOTEL

Du pétard.

Il a un geste et sort, impénétrable. Les comédiens échangent un pâle sourire.

PHILÉMON

Du pétard... Je finis par me demander, ma bonne

amie, si nous n'aurions pas dû nous faire payer d'avance.

Il se promène en sifflotant dans la pièce. Il veut avoir l'air indifférent.

Drôle d'histoire tout de même, n'est-ce pas?

MADAME DE MONTALEMBREUSE

Ah! dans notre métier on en voit de toutes les couleurs.

PHILÉMON

Pourquoi lui monte-t-il cette comédie, à cette petite?... Pour la séduire?... Pour la voler?... Qui sait même? Pour...

Il a un geste.

MADAME DE MONTALEMBREUSE *a un petit cri.*

Ah! je t'en prie! ne dis pas de bêtises, n'est-ce pas?

PHILÉMON

Oh! de nos jours, ma chère amie, il faut s'attendre à tout. Quand il a annoncé ce coup de téléphone tout à l'heure, le maître d'hôtel m'a fait un clin d'œil.

MADAME DE MONTALEMBREUSE

Un clin d'œil?

PHILÉMON

Oui, un clin d'œil. Guillotard avait l'air de bien le connaître, ce garçon, quand il t'en a parlé, à toi?

MADAME DE MONTALEMBREUSE

J'ai cru comprendre que c'était la première fois qu'il le voyait.

PHILÉMON

Ah! ah!... *(Il regarde par la fenêtre.)* Il fait tout à fait nuit maintenant. S'il fallait aller chercher du secours, cela serait gai dans ce dédale de ruelles.

Acte I

MADAME DE MONTALEMBREUSE, *soudain.*

Téléphonons!

PHILÉMON

A qui?

MADAME DE MONTALEMBREUSE

Je ne sais pas. Téléphonons à quelqu'un.

Elle prend l'appareil, elle pousse un cri.

PHILÉMON, *furieux parce qu'il a peur.*

Qu'est-ce qu'il y a, nom de Dieu?

MADAME DE MONTALEMBREUSE

Le téléphone ne fonctionne pas.

PHILÉMON, *bondissant au récepteur, écoute,
puis raccroche tremblant.*

Allô! allô! Eh bien, cela n'a rien d'extraordinaire.
La ligne est peut-être en réparation.

*A ce moment Mme de Montalembreuse, sans
voix, montre à Philémon la porte qui s'ouvre toute
seule comme dans les pièces policières. Ils se rapprochent instinctivement l'un de l'autre. C'est le
maître d'hôtel qui l'a poussée du pied. Il entre
avec du porto et des verres.*

LE MAITRE D'HOTEL

Puis-je me permettre de servir le porto à monsieur et à madame en attendant?

MADAME DE MONTALEMBREUSE, *d'une voix pâle.*

Vous pouvez vous permettre... oui...

*Le porto servi, ils ne quittent pas des yeux le
maître d'hôtel, qui, lui, n'a visiblement pas l'intention de quitter la pièce. Il va et vient, rangeant
les meubles, fermant les doubles rideaux. Elle
murmure, dans un souffle.*

Il ferme les doubles rideaux.

PHILÉMON

Ne bois pas ce porto à tout hasard. Cet homme a une tête qui ne me revient pas.

Mme de Montalembreuse, qui n'a rien entendu, vide son verre.

MADAME DE MONTALEMBREUSE,
quand le maître d'hôtel s'est éloigné.

Qu'est-ce que tu disais?

PHILÉMON, *qui voit qu'elle a bu, navré.*

Rien, maintenant, ma pauvre amie.

LE MAITRE D'HOTEL *s'approche et confidentiel.*

Monsieur....

PHILÉMON *sursaute et crie.*

Qu'est-ce que vous voulez?

LE MAITRE D'HOTEL, *mystérieux.*

Chut!

PHILÉMON *recule et crie.*

Comment, chut? Pourquoi, chut?

LE MAITRE D'HOTEL

Je demande pardon à monsieur, mais monsieur connaît-il bien la maison?

PHILÉMON

Non... mais... vous... pourtant?...

LE MAITRE D'HOTEL

Je suis un extra de la maison Chauvin. On m'a envoyé ici sur un coup de téléphone donné à six heures par ce jeune homme. Je ne connais que cette pièce, la salle à manger, où j'ai dressé le couvert, et les cuisines. C'est pourquoi je demandais à monsieur... La maison semble déserte. Ce jeune homme l'affirmait en tout cas. Et pourtant j'ai entendu trotiner là-haut.

PHILÉMON, *épouvanté par ce détail*.

Trottiner?...

LE MAITRE D'HOTEL

Trottiner. Comme une grosse souris.

PHILÉMON *répète*.

Comme une grosse souris?

La propriétaire paraît en chemise de nuit, papillottes, fichu blanc.

LA PROPRIÉTAIRE

Oh! pardon... je n'entendais plus de bruit... je m'inquiétais. Pardon... pardon... je m'excuse.

Elle disparaît discrètement. Le maître d'hôtel et les comédiens s'interrogent du regard.

LE MAITRE D'HOTEL

Vous l'aviez vue en arrivant, cette vieille?

PHILÉMON

Non, et vous?

LE MAITRE D'HOTEL

Non.

A ce moment on sonne.

MADAME DE MONTALEMBREUSE *pousse un cri*.

Ah! on sonne!

Un silence. Ils écoutent. On sonne une seconde fois.

LE MAITRE D'HOTEL, *sépulcral*.

On resonne.

MADAME DE MONTALEMBREUSE

N'ouvrons pas!

PHILÉMON

Nous ne pouvons pourtant pas passer la nuit

enfermés ici. Tâchez de voir par la fenêtre qui cela peut être, sans vous montrer.

LE MAITRE D'HOTEL *passe sur le balcon et revient.*

C'est une jeune fille avec une robe à fleurs et un chapeau de paille blanche.

Un instant d'hésitation, puis :

PHILÉMON, *avec un geste de résolution froide.*
Faites-la monter!

Le maître d'hôtel hésite, puis sort à regret, tandis que Philémon se prépare à attendre l'ennemi de pied ferme.

LE RIDEAU TOMBE

DEUXIÈME ACTE

Une lingerie. Deux portes. Grandes armoires, pile de linge sur une table. Au mur, un téléphone. Une jeune femme en robe du soir, Barbara, est en train de téléphoner.

BARBARA

Oui... oui, Georges, une scène terrible. Cette fois, elle va sûrement demander le divorce. Alors, si c'est pas très sérieux ce que tu fais ce soir, il vaudrait peut-être mieux que tu rentres... Bien sûr, cela ne me regarde pas. Non, je téléphone de la lingerie... personne n'y vient jamais. Mais non, je ne dirai rien. Tu es idiot, mon chéri. Fais comme tu veux. Bonsoir, Georges... Amuse-toi bien.

Elle raccroche, rêve un peu. Soudain, elle mord son mouchoir. Robert est entré brusquement. Il est en smoking.

ROBERT

Qu'est-ce que tu fais ici depuis une heure, je croyais que tu étais sortie?

BARBARA
Rien.

ROBERT *la regarde et regarde l'appareil.*

Je le connais, le coup de téléphone de la lingerie. J'en ai usé avant toi, ma petite Barbara.

BARBARA

C'est vrai, Robert?

ROBERT

A qui téléphonais-tu?

BARBARA *le regarde, et bien en face.*

A qui voulais-tu donc que je téléphone?

ROBERT *hésite, cille un peu sous son regard.*

Personne n'a de ses nouvelles?

BARBARA, *nette.*

Personne.

ROBERT

Même pas toi?

BARBARA

Même pas moi.

ROBERT

S'il n'est pas rentré avant minuit, c'est la catastrophe.

BARBARA

Une honorable famille sur le pavé, sans compter les amis intimes.

ROBERT

Je ne sais pas du tout ce que tu veux insinuer, ma petite. Nous sommes invités, ici, dans une maison charmante. Les hôtes sont nos amis. Une brouille entre eux me serait pénible, voilà tout, en qualité d'ami et d'invité.

BARBARA

D'invité... Non, mais tu te prends vraiment pour un invité? Un invité qui serait là depuis deux ans.

ROBERT

Nous sommes venus chez Georges quand nous

avons déménagé de la rue de Vaugirard et pour quinze jours, je te ferai remarquer...

BARBARA

Oui, mais il y a vingt-deux mois.

ROBERT, *d'une bonne foi écrasante.*

Nous n'avons pas trouvé d'appartement! Et puis, enfin, Georges est mon ami intime, oui ou non? Si on ne peut plus loger chez son ami intime, où ira-t-on loger alors? Chez des étrangers?

BARBARA

D'habitude on en est réduit là.

ROBERT

Eh bien, moi, cela me révolte, ma petite! J'ai toujours cru en l'amitié, moi!

BARBARA

Oui, Robert.

ROBERT

C'est vrai, ce qu'il a fait, je l'aurais fait, moi aussi, si j'avais fait un riche mariage comme lui, au lieu d'être assez bête pour t'épouser. Moi aussi, je lui aurais dit : « Tu es dans la gêne, viens à mon foyer, sois mon secrétaire, je te donne trois mille francs par mois. »

BARBARA

Lui t'a dit deux mille.

ROBERT

C'est juste, mais, moi, j'aurais dit trois. Remarque que cela, je n'en parle jamais. La générosité, c'est une affaire de tempérament. *(Il s'assoit.)* On est très bien dans cette lingerie, tu as une excellente idée, c'est intime, c'est calme... Là-bas, les portes claquent, on gémit dans les coins. On vous harcèle de questions, on brandit des revolvers... le grand jeu, quoi!

La porte s'ouvre. C'est M. Delachaume, gaillard, portant beau, en habit.

MONSIEUR DELACHAUME, *son pardessus sur le bras, son haut-de-forme à la main.*

Tiens! vous êtes là tous les deux?... Je vous cherchais partout. Ces scènes me brisent les nerfs! Je file par le service fumer un cigare dehors. Elle surveille la porte d'entrée. Toujours pas de nouvelles de cet animal?

ROBERT

Toujours pas.

MONSIEUR DELACHAUME

Cela va mal.

ROBERT

Très mal.

MONSIEUR DELACHAUME

A peine habillée pour l'Opéra, ma femme a filé comme une folle en disant qu'elle avait une idée. Vous y croyez, vous, à ses idées?

ROBERT

Non.

MONSIEUR DELACHAUME, *sortant.*

Moi non plus.

ROBERT, *quand il est sorti,
revient doucement vers Barbara.*

Ce n'est tout de même pas gentil ce qu'il nous fait là, ton ami Georges...

BARBARA

Ton ami Georges, Robert.

ROBERT

Notre ami Georges, si tu veux. Il ne t'a rien dit, tu es sûre?

BARBARA

Pourquoi veux-tu qu'il m'en ait dit plus qu'à toi, mon chéri?

ROBERT

Parce qu'on en dit toujours plus long aux femmes, c'est connu. Et puis, tu sais comme moi que Georges t'aime beaucoup. Vous sortez souvent ensemble.

BARBARA

C'est un reproche?

ROBERT

Mais non, ce n'est pas un reproche. C'est une constatation. Écoute, ma petite Barbara, on est mari et femme, c'est entendu, mais on est surtout des camarades. Je me trompe peut-être, mais j'ai l'impression que tu sais quelque chose.

BARBARA

Tu te trompes.

ROBERT

S'il a fait un coup dur comme il y a deux ans quand il a filé sur Bordeaux pour s'engager dans la Légion, tu ne vas pas me faire croire qu'à toi il ne t'a rien dit?

BARBARA

Il ne m'a rien dit.

ROBERT

Tu sais que c'est notre situation à tous qui se joue là, derrière cette porte, à coups de crise de nerfs. Si Henriette demande le divorce et qu'on nous flanque tous dehors, il faudra se remettre à faire la dactylo, ma mignonne!

BARBARA

Eh bien, on se remettra à faire la dactylo, mon petit Robert!

ROBERT *la regarde et laisse tomber, sincère :*
Tu m'écœures. Tout simplement. Tu m'écœures.

A ce moment le téléphone sonne. Ils se précipitent tous les deux. Il y a une courte lutte.

Ah! c'est cela que tu attendais, ma vieille?

BARBARA

Robert, laisse-moi!... Laisse-moi, tu entends? Je te défends de répondre... Brute! sale brute!

ROBERT, *qui la maintient d'une main.*

« Allô! comment? Georgette? Non, ce n'est pas Georgette. Mais non, monsieur, ce n'est pas Edmée... Qui est à l'appareil? Vous dites? Comment? Le petit blond de chez Potin ne pourra pas venir au cinéma ce soir. Bon! on le lui dira. »

Il a lâché Barbara. Il raccroche, penaud. Barbara éclate de rire et va s'asseoir plus loin. Il la regarde de loin, haineux, puis se rapproche.

Ce n'est tout de même pas chic, ce que tu fais, Barbara, même pour lui... Tu sais qu'il est nerveux, qu'il en est arrivé à détester Henriette et j'ai l'impression qu'au lieu d'essayer d'arranger gentiment les choses, comme nous le faisons tous ici, comme cela serait ton devoir de le faire pour mille raisons, tu le pousses à exaspérer cette malheureuse... Ne parlons même pas de nous. Si elle divorce, tu crois qu'il sera heureux, ton Georges? Tu le vois retournant vendre des voitures à 1 500 francs par mois, frais d'essence inclus, après cinq ans passés dans ce luxe?... C'est mon ami, c'est entendu, mais tout de même... Il ne faut pas croire que c'est un aigle, un génie méconnu, ton chouchou. Il fait des manières avec Henriette, qui est une fille ravissante et qui l'adore, mais s'il ne les avait pas trouvés, il y a quatre ans, elle et ses millions, qu'est-ce qu'il serait aujourd'hui, avec ses brillantes qualités d'ancien cancre, sa lâcheté devant la vie, son incurable paresse, ton chouchou?... Dis, qu'est-ce qu'il serait?

BARBARA

Et toi, qu'est-ce que tu seras donc demain, s'il ne peut plus te faire vivre?

ROBERT

Un raté comme lui. Tu ne m'apprends rien, ma mignonne! Mais c'est pour cela que je suis humble, moi. C'est pour cela que je ne dis rien, moi, même quand cela n'est pas très facile de ne rien dire, même quand tu sors un peu trop souvent, l'après-midi, avec lui. Car il y a une chose qu'il faut que vous appreniez, tous les deux, parce que vous me l'avez apprise, c'est qu'on n'a pas le droit de badiner dans la vie avec ceux qui vous donnent votre argent. Quand on n'en a pas, ce vil métal, c'est sacré!... Et les patrons qui vous le donnent, de même! Et si l'on gagne son argent entre les bras de Mme Henriette, il ne faut pas faire le malin : votre place est dans les bras de Mme Henriette, pas autre part! et sans rien dire. *(Il ajoute plus bas :)* Comme moi.

BARBARA, *doucement*.

Tu me dégoûtes, Robert.

ROBERT

Oui, tout cela n'est pas très brillant, je te l'accorde... Et encore moins pour moi que pour toi. Parce que, toi, tu peux toujours te dire que c'est parce que tu l'aimes... Tandis que moi... *(Il s'est levé, il a été à la glace, il se peigne.)* Mais, enfin, quoi! on a une vieille maman rentière en province. On a été élevé chez les Pères. On a fait du latin. On n'est pas des voyous, il faut se dire cela, tu comprends, de temps en temps. Regarde le papa Edgar, eh bien, je t'assure que tu l'étonnerais beaucoup, ma chère, si tu lui disais qu'il vit aux crochets de son fils...

MONSIEUR DELACHAUME *est rentré avec son cigare.*

Je m'ennuie dehors, moi! Avouez que ce n'est pas

une vie pour un homme de mon âge... Mais qu'est-ce que vous faites dans cette lingerie, sacrebleu?

ROBERT

On change d'air.

MONSIEUR DELACHAUME

Vous avez raison, l'atmosphère de cet appartement est irrespirable. *(Il s'emporte :)* Ce n'est pourtant pas ma faute, sacrebleu! si mon fils a découché! *(Il pense à autre chose.)* Croyez-vous qu'on va toujours aller à l'Opéra?

ROBERT

Cela me paraît très compromis.

MONSIEUR DELACHAUME

Moi qui me réjouissais de cette soirée! J'adore le ballet de « Coppélia! »

Il chante.

Ta la la la, ta la la, tala la la, la la.

Il s'arrête avec un soupir.

Enfin! Toujours rien, bien entendu?

ROBERT

Toujours rien.

MONSIEUR DELACHAUME

Je ne le comprends pas, cet animal-là! Elle est charmante, cette enfant... Un peu violente, peut-être, un peu jalouse, mais enfin charmante... Votre avis?

ROBERT

Charmante. On a réussi à lui enlever son petit revolver à poignée de nacre?

MONSIEUR DELACHAUME

Edmée s'en est chargée... Je ne sais pas, moi, de mon temps, on trompait sa femme, c'est entendu, mais on s'y prenait plus habilement. Et ce n'en était pas plus mal... Votre avis?

BARBARA

Je n'en ai pas.

MONSIEUR DELACHAUME

Je ne dis pas que cet enfant doive absolument tromper Henriette... Loin de moi cette pensée! Mais ce que je ne comprends pas chez vos jeunes générations, c'est ce goût de la brutalité, de la crudité. Vous dites que vous aimez les situations nettes. Alors, on se dit : « Bon! ils vont se mettre dans des situations absolument nettes. Ils se conduiront comme nous n'avons pas su nous conduire. » Or, pas du tout, pas du tout! Vous êtes des hommes comme nous et vous vous remettez dans les mêmes situations qui sont vieilles comme le monde... Seulement, vous, vous montrez carrément votre derrière à tout le monde et vous croyez que c'est cela qui rend la situation nette! *(Il est furieux, il s'est levé.)* Mais j'aimais beaucoup mieux les anciens hypocrites! Finalement ils faisaient beaucoup moins de mal. Votre avis?

ROBERT, *à Barbara.*

Ton avis?

BARBARA

Je n'en ai pas.

ROBERT

Elle n'en a pas. Moi non plus.

MONSIEUR DELACHAUME

A votre âge, j'avais toujours un avis, sur tout! Ah! nous étions des gaillards, nous autres, à votre âge. Nous ne cherchions pas, nous autres, je vous garantis que nous avions trouvé et bien trouvé! Je ne le comprends pas, ce petit. Il a une femme charmante, qui l'adore, qui est riche, qu'est-ce qu'il veut de plus? Répondez-moi.

ROBERT

Qu'est-ce qu'il veut de plus? Réponds-lui.

BARBARA

Je n'en sais rien.

ROBERT

Elle n'en sait rien.

MONSIEUR DELACHAUME *continue*.

Une maîtresse? Je vous ai déjà dit mon sentiment là-dessus. Une maîtresse, c'est tout bonnement une question de tact... Alors, quoi encore?

ROBERT, *à Barbara*.

Quoi encore?

MONSIEUR DELACHAUME *continue*.

Rien. Il n'y a plus rien. L'argent, l'amour : on ne peut plus rien vouloir. C'est pourtant simple, sacrebleu, la vie! Je ne vous comprends pas, moi. Il dit qu'il est malheureux. Pourquoi est-il malheureux? Je suis un vieil artiste raté, ma vie a été dure. Est-ce que je suis malheureux, moi? Est-ce que vous êtes malheureux, vous?

ROBERT

Moi, je suis très heureux.

MONSIEUR DELACHAUME, *à Barbara*.

Et vous?

ROBERT

Et toi?

BARBARA

Moi aussi.

MONSIEUR DELACHAUME

Alors? Il dit qu'il n'aime pas sa femme. Moi non plus, je n'aimais pas la mienne. Est-ce que j'ai fait tant d'histoires pour cela? Il dit que nous l'avons poussé à ce mariage. Bien entendu, nous l'avons poussé à ce mariage. Tout notre argent était en trois pour cent et j'avais tout liquidé pour me refaire un peu au moment de l'affaire Humbert! Est-ce ma faute si nous ne sommes pas gouvernés! Il gagnait 1 500 francs par mois à vendre ses automobiles et il avait les 300 000 francs de dettes d'honneur de la famille à régler. Cela n'en aurait plus fini! Il rencontre une jeune fille de la meilleure société, riche à millions, ravissante et amoureuse de lui. Bon! Il flirte avec elle, cela va très bien. Et puis, tout d'un coup, crac! Monsieur a une crise de conscience : il se demande s'il doit l'épouser. Dieu merci, sa mère et moi, nous avons arrangé les choses. Mais vous ne trouvez pas cela admirable? *(A Barbara :)* Votre avis?

ROBERT

Elle n'en a sûrement pas.

Edmée, la femme de chambre d'Henriette, apparaît, hors d'elle.

EDMÉE

Ah! vous êtes là? ah! là là, mes enfants...

ROBERT

Quelles nouvelles, ma chère Edmée?

EDMÉE

Si vous voyiez mon bras, monsieur Robert! C'est comme cela depuis ce matin. Elle ne peut pas me parler sans m'enfoncer ses ongles dans le gras du bras. Ah! elle est dans un état! Toujours pas de nouvelles de monsieur?

ROBERT

Toujours pas.

MONSIEUR DELACHAUME

Mais, maintenant, je vous assure qu'il ne saurait tarder, croyez-moi, ma bonne Edmée.

EDMÉE, *se frottant le bras.*

Tout de même, ce n'est pas pour dire, mais il pourrait penser un peu à nous, monsieur.

Sonnerie précipitée dans la lingerie. Elle crie.

« Oui, madame! » *(Aux autres :)* Je ne peux pas la quitter une minute. Monsieur Edgar, vous ne voulez pas demander un tilleul à la cuisine?

MONSIEUR DELACHAUME, *ajustant son monocle.*

Avec de la fleur d'oranger?

EDMÉE, *sur le pas de la porte,*
pendant que la sonnerie continue ininterrompue.

Oui, s'il vous plaît. Mais ne le faites pas apporter par Georgette. Elle ne peut pas la voir. Elle lui arracherait les yeux!

MONSIEUR DELACHAUME

Je l'apporterai moi-même.

EDMÉE, *avant de disparaître.*

Sur un plateau et avec un napperon, n'est-ce pas, s'il vous plaît, monsieur Edgar, sans cela, c'est moi qui me ferais gronder.

MONSIEUR DELACHAUME

Sur un plateau et avec un napperon. Entendu!

*Il va sortir, il s'arrête. M*me *Delachaume, élégante, portant jeune, vient d'entrer en coup de vent. Elle est en manteau et en robe du soir.*

MADAME DELACHAUME

Ah! vous êtes là! Je vous cherchais partout. Mes enfants, j'ai une excellente nouvelle à vous apprendre!

ROBERT

Vous venez de la préfecture?

MADAME DELACHAUME *tombe assise.*

Non, de chez la voyante. Mme Lérida, à qui j'ai apporté un de ses chapeaux, m'assure qu'il n'a pas quitté la région parisienne!

Acte II

Elle tient encore le chapeau à la main. Robert le prend et l'examine.

ROBERT

Malheureusement, ce chapeau-là, il me l'a déjà donné depuis un mois.

MADAME DELACHAUME

Allons, bon! cela brouille tout. Ce doit être vous qui n'avez pas quitté Paris. Cela n'a plus aucun intérêt. *(Elle se lève.)* Il faut que j'y retourne. J'attends tout de cette femme. Elle est d'une lucidité qui fait peur! Dès l'abord, elle m'a dit mon âge. *(Elle se rassied.)* Auparavant, que dit Henriette?

ROBERT

Elle veut mourir.

MADAME DELACHAUME

Bon, j'aime mieux cela! Cela prouve qu'elle l'aime encore. Naturellement, nous n'allons plus à l'Opéra?

ROBERT

Pas question. Nous y sommes et le grand air n'en finit plus.

MADAME DELACHAUME

C'est une corvée en moins. Mes enfants, j'ai une autre nouvelle. Très mauvaise, celle-là. J'ai appris par la cuisinière qu'elle avait reçu maître Dupont-Dufort dans l'après-midi.

MONSIEUR DELACHAUME

Mais c'est son avocat!

MADAME DELACHAUME

Hélas! oui.

MONSIEUR DELACHAUME *s'assoit, désespéré.*

Cet enfant nous aura perdus! *(Il se relève.)* Ah! fichtre! mon tilleul...

Il sort précipitamment.

MADAME DELACHAUME

Il faut faire quelque chose, il faut absolument faire quelque chose! C'est trop bête, c'est vraiment trop bête de voir tout un bonheur s'écrouler comme cela on ne sait pas pourquoi, pour rien!... Oh! je le giflerais! Je l'adore, mais je le giflerais comme un gamin, si je le tenais!...

ROBERT

Oui, mais voilà, il faudrait précisément le tenir!

MADAME DELACHAUME

Moi, en tout cas, je ne pourrais pas renoncer à cette maison. D'abord, je suis une sentimentale, je m'attache aux choses et puis, ensuite, plus je vais, plus j'ai besoin de mes aises. Je me tuerais plutôt, mes enfants. Cela, n'en doutez pas. Je me tuerais plutôt. Il y a des êtres qui ne peuvent respirer que dans le luxe. Si on leur arrache leur luxe, on les tue! *(Elle aperçoit soudain sa silhouette dans la glace.)* Que pensez-vous de mon petit chapeau?

ROBERT, *poli*.

Il est ravissant.

MADAME DELACHAUME

C'est Henriette qui me l'a donné. Elle ne l'avait mis qu'une fois. C'est un chapeau qui vaut mille francs. *(Un silence, elle soupire.)* Cela lui serait pourtant si facile d'être heureux! Henriette l'adore, elle le comble, elle nous comble. Nous aurions pu nous aimer tous ensemble, en famille... Mais il ne pense jamais à nous.

EDMÉE *entre. Elle s'arrête sur le seuil, solennelle.*
Tout le monde la regarde.

Cette fois, c'est décidé.

Acte II

MADAME DELACHAUME

Qu'est-ce qui est décidé? Vous me faites peur, ma bonne Edmée.

EDMÉE, *pesant ses mots*.

Madame quitte monsieur.

MADAME DELACHAUME, *dans un cri*.

Edmée, ce n'est pas possible!

EDMÉE

Comme je vous le dis!

MONSIEUR DELACHAUME *entre, triomphant avec son plateau, par la porte de service.*

Voilà le tilleul, sur un plateau!

EDMÉE

Elle n'en veut plus! Elle veut se lever. Elle dit que c'est trop bête de gâcher sa vie comme cela, pour rien. Et avouez entre nous qu'il ne l'a pas volé, monsieur!

MADAME DELACHAUME

Edmée, vous ne pouvez pas penser une chose pareille!

EDMÉE

Si, madame! Je suis femme, après tout, je me mets à sa place. Et puis tout le monde a besoin d'être tranquille ici.

MADAME DELACHAUME

Edmée, ma petite Edmée, vous avez un cœur d'or! Vous ne pouvez pas nous faire cela.

EDMÉE

J'ai conseillé la patience à madame tant que j'ai pu. Maintenant, il y va de ma place. Alors, vous comprenez... je dis comme elle...

MADAME DELACHAUME

Ah! non, pas cela! pas cela! c'est trop bête, à la fin. Je suis la mère de Georges, soit, mais je suis l'amie d'Henriette, avant tout. Je vais lui parler!

EDMÉE *lui crie*.

Elle est enfermée à double tour dans sa chambre, elle ne vous répondra pas!

MADAME DELACHAUME, *disparaissant*.

C'est ce que nous allons voir! Cette enfant m'a toujours adorée.

EDMÉE, *aux autres*.

Tant qu'elle adorait monsieur, peut-être... mais maintenant! Vous comprenez, vous êtes bien gentils tous, mais il ne faut pas vous faire des illusions. C'est une femme qui connaît la vie qui vous parle. Si c'est fini pour monsieur, vous pensez bien que pour la famille il n'y a vraiment plus d'espoir. Que voulez-vous? Madame était à bout de patience, je le voyais bien, moi, qui en subissais le contrecoup depuis longtemps. C'est beau d'aimer, mais si on ne vous aime pas, à la longue...

MONSIEUR DELACHAUME *furieux,
frappant un terrible coup sur la table*.

Mais enfin, sacrebleu, pourquoi ne l'aime-t-il pas?

MADAME DELACHAUME *rentre, dépitée*.

Elle ne veut pas me recevoir, sa porte est fermée à clef.

EDMÉE

Je l'avais dit à madame! Croyez-moi, comme je l'expliquais à l'instant à ces messieurs-dames, c'est bien fini pour monsieur et pour la famille de madame. Ce qui est dit est dit. Si monsieur ne rentre pas ce soir, madame va partir dès demain matin en voyage et il faudra que tout le monde vide les lieux.

MADAME DELACHAUME

Comment, en un soir?

EDMÉE

Madame a dit que lorsqu'elle ne serait plus là, il fallait qu'il ne reste plus personne dans l'appartement.

MONSIEUR DELACHAUME

Mais enfin, c'est insensé! On donne huit jours à des domestiques!

EDMÉE

Mais c'est que monsieur n'était pas un domestique... Un domestique, c'est travailleur, c'est syndiqué. C'est pas pareil...

MONSIEUR DELACHAUME *s'est dressé,
hors de lui, le monocle en bataille.*

Cette fille est d'une insolence!... A qui croyez-vous donc avoir affaire? Apprenez que vous avez affaire à des gens du monde, des gens du monde qui ne vous ont permis que trop de familiarités et qui vont vous traiter dorénavant comme vous le méritez. Allez, sortez, ma fille, sortez sur-le-champ!

EDMÉE

Des gens du monde? Laissez-moi rire... Des pique-assiette, oui, et des purées!...

MONSIEUR DELACHAUME *se rassoit
tranquillement.*

Je ne sais pas ce qu'elle veut dire, je n'ai jamais compris l'argot.

MADAME DELACHAUME *court après Edmée.*

Edmée! ma petite Edmée, ma bonne petite Edmée, il faut être indulgente et excuser monsieur Edgar. Vous savez comme il est original; c'est un vieil artiste... Je suis sûre, moi, Edmée, qu'il n'a pas voulu

vous offenser... D'ailleurs, il va vous le dire lui-même
à l'instant. Ma petite Edmée, ma petite Edmée,
écoutez-moi... Edmée, si nous vous promettions
quelque chose pour user de votre influence?

EDMÉE, *avant de sortir.*

Rien à faire! Je regrette, mais monsieur n'a plus
aucune chance pour lui. D'ailleurs, avec ce que vous
pourriez me donner...

Elle sort.

MADAME DELACHAUME

Cette fois, c'est la misère! Je n'en aurai jamais le
courage. Je suis trop vieille ou plutôt non, je suis
trop jeune pour m'y résigner...

ROBERT, *dans un coin.*

Ah! le beau Georges qui ne pouvait pas mettre
ses cravates plus de trois fois! Monsieur était trop
délicat, il aimait changer de nuances. Monsieur va
les user jusqu'à la corde, ses cravates!

BARBARA

C'est un détail, mais cela va t'obliger à en acheter!

ROBERT

Je m'en fous! Je veux bien aller sans col et avec
des trous aux fesses pour avoir le plaisir de voir monsieur
dans la mouise. Il en crèvera, monsieur. Et les
godasses à triple semelle et coins d'acier à 600 balles
— finies!... De très légers Richelieu box-calf dits
« poids-plume » à 89 francs, en solde, boulevard
Sébastopol. Et le pantalon à rayures avec le petit
veston noir croisé du bon jeune homme. Et allez,
ouste!... dans le métro d'après le déjeuner, qui sent
la graisse froide. Et un patron sur le dos. Il en crèvera,
monsieur!

BARBARA, *rageuse.*

Toi aussi, si cela peut te consoler.

ROBERT

Moi aussi, mais lui d'abord. Parce que, Dieu merci, ton généreux ami Georges, il m'a habitué à en avoir, un patron, pendant ces deux ans. Et mes deux mille francs, il me les a fait gagner, je te le garantis!... Remarque que cela, c'est régulier! J'en aurais fait autant. Quand on fait vivre quelqu'un, que ce soit sa bonne ou son employé, il faut qu'on lui fasse payer son argent en nature... C'est plus fort que soi. Mais lui aussi, il va payer en nature, maintenant!... Comme au régiment, quand il pleurait toute la nuit dans la chambrée après une belle journée d'engueulade. « Dites donc, là-bas, le nommé Delachaume, c'est ça que vous appelez cirer des chaussures? Demi-tour! vous me ferez quatre jours! Comment? comment? vous m'en ferez huit! » Ah! monsieur va se les cirer, ses godasses, tout seul, tous les matins et à perte de vue, et s'en fourrer jusqu'au coude du cirage! Monsieur va en baver comme il n'en a jamais bavé!

BARBARA

Tais-toi, tu m'écœures.

ROBERT

Non, je ne me tairai pas! Tu ne peux pas savoir ce que c'est que d'avoir un copain qui est plus beau que vous, plus malin que vous à l'école et qui, après, devient riche par-dessus le marché! C'est cela qui doit être beau dans les révolutions, tu vois, même si on s'en fout comme moi, voir crever ceux qui étaient heureux! Et il en crèvera, moi, je le connais, il en crèvera, le petit délicat, à coup sûr...

MONSIEUR DELACHAUME, *prostré*.

Si au moins on pouvait savoir où il est pour aller lui expliquer qu'il joue sa dernière chance ce soir.

ROBERT *conclut doucement, d'une voix rauque.*

On crèvera tous, mais lui d'abord.

BARBARA *crie soudain.*

Je ne veux pas! je ne veux pas! Je l'ai suivi, l'autre jour, il a loué une maison près de Paris, 32, rue Du-Guesclin, à Senlis. Il doit y être ce soir.

ROBERT *bondit.*

Nom de Dieu! tu crois que tu n'aurais pas pu le dire plus tôt, idiote? J'ai la voiture en bas. Vite, vous autres!

Il tire la mère par la main, pousse le père. Barbara sort la dernière, vite.

LE RIDEAU TOMBE

TROISIÈME ACTE

Le décor du premier acte. Au milieu du salon une jeune fille en blanc, Isabelle, qu'entourent les comédiens, le maître d'hôtel et la propriétaire, affalés.

ISABELLE

Et vous êtes bien sûrs qu'il ne vous connaissait même pas il y a une heure?

PHILÉMON

Si nous en sommes sûrs! nous sommes arrivés au train de 7 h 10.

ISABELLE

Et il a vraiment loué cette maison au mois?

LA PROPRIÉTAIRE

Habituellement je ne veux pas louer au mois, mais il avait l'air si gentil. On lui aurait donné le bon Dieu sans confession.

ISABELLE

N'est-ce pas, madame? *(Elle a un petit soupir, se retourne vers le maître d'hôtel.)* Et c'est vous qu'il avait choisi pour jouer le rôle du vieux serviteur fidèle?

LE MAITRE D'HOTEL

Oui, mademoiselle.

ISABELLE, *le regardant et gentiment.*

C'est effrayant.

LE MAITRE D'HOTEL

Oh! j'ai servi dix-sept ans en maison bourgeoise, mademoiselle. Certes, j'eusse été averti à temps que je me serais composé une tout autre silhouette... mais j'ai été simplement commandé sur un coup de téléphone avec le menu type numéro 2 pour quatre couverts.

ISABELLE

Pour quatre couverts? Pourquoi quatre couverts? Nous devions être cinq avec Robert.

LE MAITRE D'HOTEL

Que mademoiselle m'excuse, mais puisque mademoiselle est en train de découvrir le pot aux roses, autant que mademoiselle le découvre tout entier. Le cinquième couvert ne doit pas manger, mademoiselle.

MADAME DE MONTALEMBREUSE, *gloussant.*

C'est l'ami!

PHILÉMON

Le fameux ami intime!

ISABELLE

Robert?

PHILÉMON

C'est cela, c'est cela, Robert, le célèbre Robert.

ISABELLE

Il ne doit pas manger?

PHILÉMON

Et pour cause...

MADAME DE MONTALEMBREUSE, *pouffant.*

Il n'existe pas!

Acte III

ISABELLE

Comment, Robert n'existe pas?

PHILÉMON

Pas plus que nous!

ISABELLE

Cela, ce n'est pas vrai! Robert existe, j'en suis sûre. Nous parlons tous les jours de lui depuis deux mois!

PHILÉMON

Pure invention, vous dis-je!

ISABELLE

Mais j'ai vu sa photographie!

PHILÉMON

Photo truquée! De la part de ce gaillard-là, rien ne peut plus m'étonner!

ISABELLE, *doucement*.

Qu'est-ce qui peut être vrai si Robert lui-même est un mensonge?...

PHILÉMON

En fait de Robert, c'est Robert Houdin, oui!

Il rit.

MADAME DE MONTALEMBREUSE

Qui sait même s'il va revenir de ce prétendu coup de téléphone, le beau jeune homme, ou si ce n'est pas un stratagème pour nous laisser tous en plan?

PHILÉMON, *pouffant*.

Chi lo sa? Chi lo sa? ah! je vous dis que c'est impayable! *(Il s'arrête, il répète, rêveur :)* Impayable. *(Il se met soudain en colère.)* Oui, mais, dites donc, s'il ne revient pas ce soir, qui est-ce qui va nous payer?

MADAME DE MONTALEMBREUSE *s'arrête aussi.*

C'est gai! Tu veux que je te dise? Quelque chose me disait que ce n'était pas sérieux, cette affaire.

PHILÉMON

Oh! mais, attention! attention! je fais partie de l'Union, moi. Cela ne se passera pas comme ça.

MADAME DE MONTALEMBREUSE

Et qu'est-ce que tu feras, gros malin? Tu ne connais même pas son adresse, à ce petit voyou.

PHILÉMON

Guillotard la connaît.

MADAME DE MONTALEMBREUSE

Penses-tu, il m'a dit qu'il lui avait donné celle-là.

LA PROPRIÉTAIRE, *inquiète.*

Dites-moi, je ne vais pas être tenue responsable sur mes meubles, tout de même?

PHILÉMON

Je n'en sais rien, madame, je n'en sais rien! Vous n'avez qu'à prendre des renseignements quand vous louez à des inconnus!

LA PROPRIÉTAIRE

Mais enfin, monsieur, je ne pouvais pas savoir, ce jeune homme avait l'air de si bonne famille.

PHILÉMON, *ricanant.*

De si bonne famille, ah! laissez-moi rigoler. C'était nous, sa famille... Ah! permettez-moi de vous dire que vous avez un drôle de coup d'œil.

MADAME DE MONTALEMBREUSE

Ah! là, là! on n'est pas plus poire!

PHILÉMON

Un petit filou, oui, le jeune homme de bonne

Acte III

famille... Cela crevait les yeux. Quant à vous, mademoiselle, vous êtes dupée comme nous par ce garçon, je veux bien le croire, mais si vous étiez ma fille, permettez-moi de vous dire que je vous conseillerais de vous renseigner sur les gens avant de devenir leur bonne amie.

ISABELLE

Je vous défends de parler ainsi de lui. Qu'est-ce que vous deviez toucher ce soir si tout s'était bien passé?

MADAME DE MONTALEMBREUSE, *vivement*.

150 francs, c'est le tarif pour la province.

PHILÉMON, *même jeu*.

Plus les déplacements, naturellement, plus les déplacements. Les déplacements ne sont jamais compris.

ISABELLE

Voici 400 francs.

PHILÉMON

C'est tout de même drôle que ce soit vous qui régliez les frais de la comédie par-dessus le marché! Enfin, à votre aise! je vais vous rendre la monnaie. *(Il se fouille.)* Heu... tu as de la monnaie, ma bonne amie?

MADAME DE MONTALEMBREUSE

Heu... je ne sais pas, combien te faut-il?

ISABELLE

Je vous en prie, ne cherchez pas, monsieur... C'est une petite gratification pour avoir si bien joué votre rôle.

PHILÉMON, *empochant, raide*.

Sachez, mademoiselle, que je suis au-dessus des insinuations de cet ordre.

ISABELLE

Une question, cependant. Vous jouez le drame ou le vaudeville?

PHILÉMON

Je joue tout, mademoiselle. Le classique et le moderne, le tragique et le comique.

ISABELLE

Et vous ne mélangez jamais les genres?

PHILÉMON

De mon temps cela ne se faisait pas, mademoiselle. Mais avec les pièces qu'on nous sert maintenant, évidemment...

ISABELLE

Quand on vous a engagé pour jouer un père noble, vous arrive-t-il souvent de recevoir l'héroïne comme vous m'avez reçue?

PHILÉMON

Ah! ça, c'est un peu fort! Vous n'allez pas me reprocher de vous avoir dit la vérité, tout de même. Vous alliez être jouée, ma petite.

ISABELLE

Peut-être, mais vous étiez payé pour me jouer, et puisque c'est votre métier...

PHILÉMON

Je vous en prie, je vous en prie! Ne touchez pas à un art qui a droit à notre respect à tous les deux. Vous ne comprenez donc pas que si je suis sorti de mon personnage, c'est parce que j'ai senti qu'il y avait une vilenie dans l'air? Me croyez-vous capable d'être complice d'un suborneur? qui sait même, d'un vulgaire pickpocket qui n'en voulait qu'à votre sac à main?

ISABELLE

Si c'est cela, le pauvre garçon, j'ai peur qu'il ne lui reste bien peu de chose. Qu'est-ce que je vous dois, à vous?

LE MAITRE D'HOTEL, *tirant sa note et la lui donnant.*

680. (*Se ravisant et reprenant sa note.*) Heu... c'est-à-dire, un instant, mademoiselle.

> *Il sort un crayon de sa poche, le suce et se penche sur la table.*

MADAME DE MONTALEMBREUSE

Enfin, entre femmes, vous croyez que c'est délicat de vous avoir fait ça?

PHILÉMON

C'est une honte! Et si je le tenais, vous savez ce que je lui ferais à ce sale petit galopin? Je lui tirerais les oreilles.

ISABELLE, *doucement.*

Pauvre Georges, lui qui avait inventé une si belle histoire. Trouver en arrivant ses dignes parents en révolte et son vieux serviteur fidèle en train de falsifier l'addition...

LE MAITRE D'HOTEL, *se redressant d'un bond.*

Comment? excusez-moi... je... vérifiais les chiffres.

ISABELLE, *souriante.*

Et combien cela fait-il après cette vérification?

LE MAITRE D'HOTEL, *après avoir toussé pour se donner de l'assurance.*

Hum... 816... on avait oublié les suppléments. 816... deux fois 8...

ISABELLE, *avec un petit sourire.*

C'est bien. Payez-vous vite et allez-vous-en tous les trois... Vous n'avez plus rien à faire ici maintenant.

PHILÉMON

Soit! *(Il récite :)* « *Adieu donc, de nous deux Dieu sait quel est le juste...* »

ISABELLE

C'est certainement vous... mais dépêchez-vous, monsieur. Si Georges vous trouve ici, je crains qu'il ne vous félicite pas.

PHILÉMON, *s'arrêtant net.*

C'est juste. A quelle heure le prochain train pour Paris, grand-maman?

LA PROPRIÉTAIRE

Oh! à cette heure-ci, j'ai bien peur qu'il n'y en ait plus. Venez avec moi à la cuisine, nous allons consulter l'indicateur.

Ils sortent. Isabelle arrête au passage le maître d'hôtel qui va sortir. Elle lui demande doucement :

ISABELLE

Pourquoi ne l'avez-vous pas fait sauter sur vos genoux, vous, au moins?

LE MAITRE D'HOTEL, *avec un geste navré.*

Croyez bien que je le regrette, mademoiselle.

Il sort, très digne. Restée seule, Isabelle se promène dans la pièce, rêveuse.

ISABELLE

Toutes ces grand-mères sont fausses... Ce vieil oncle est un imposteur. Le canapé Napoléon III lui-même — qui l'eût dit? — est un traître... Il n'a jamais joué à cache-cache derrière lui. Comme c'est dommage...

Robert entre par le fond, prudemment, comme quelqu'un qui avance sans être annoncé dans une maison inconnue. Arrivé au centre, il aperçoit Isabelle et s'arrête.

ROBERT

Je vous demande pardon, mademoiselle, toutes les portes sont ouvertes, on entre ici comme dans un moulin... Je voudrais parler à M. Georges Delachaume.

ISABELLE *le regarde et lui crie soudain.*

Bonsoir, Robert!

ROBERT *s'est arrêté.*

Tiens, qui vous a dit mon nom?

ISABELLE

Je l'ai deviné.

ROBERT, *nullement démonté.*

Ah! mais vous avez beaucoup de talent. Est-ce que vous tirez également les cartes?

ISABELLE

Avant tout, dites-moi franchement si vous êtes un comédien. Vous pouvez parler sans crainte. Je suis au courant de tout le reste.

ROBERT, *cette fois, est légèrement ahuri.*
Il questionne après un temps
de réflexion pénible.

Pardon, mademoiselle, je suis bien au 32 ici?

ISABELLE

Oui.

ROBERT

Rue Du-Guesclin?

ISABELLE

Oui, oui.

ROBERT, *commençant des explications.*

Mademoiselle, je suis un ami de M. Georges Delachaume...

ISABELLE, *le coupant*.

Vous êtes même son ami d'enfance. Vous vous appelez Robert Lemoine. Vous avez vingt-six ans. Vous venez ici ce soir pour dîner avec moi.

ROBERT

Erreur. J'ai déjà dîné. Cela ne fait rien, ne vous troublez pas. Toutes les voyantes se trompent. Continuez. Ce que vous m'apprenez m'intéresse prodigieusement.

ISABELLE, *qui ne cesse de le regarder*.

Levez-vous d'abord.

ROBERT *se lève, surpris*.

Vous voulez que je me lève?

ISABELLE

Regardez-moi en face.

ROBERT

En face?

ISABELLE, *sévère*.

Vous vous tenez bien droit en ce moment?

ROBERT

Si je me tiens droit? Pourquoi?

ISABELLE

Comment se fait-il que vous ne soyez pas plus grand?

ROBERT, *que cet interrogatoire démonte*.

Je ne sais pas, je fais ce que je peux...

ISABELLE

Georges m'avait dit que vous étiez aussi grand que lui.

ROBERT

Georges vous a parlé de moi?

Acte III

ISABELLE

Mais bien sûr... Georges ne parle que de vous. Cela vous étonne?

ROBERT

Un peu. Mais on peut savoir ce qu'il vous a dit de moi, mon ami Georges?

ISABELLE, *souriant.*

Beaucoup de mal, n'en doutez pas.

ROBERT

Oh! cela, je n'en doute pas... mais quoi encore?

ISABELLE, *qui le regarde en silence.*

Non. Vous ne devez pas être un comédien, vous auriez déjà touché votre cravate pour avoir l'air naturel.

A ces mots, Robert le fait d'ailleurs malgré lui.

LE MAITRE D'HOTEL *entre dans son dos.*

Pardon, mademoiselle. Puisque c'est mademoiselle qui a réglé, est-ce que je dois tout de même servir le dîner? Il est dix heures passées. C'est un vœu des personnes... *(Il a un coup d'œil méfiant à Robert.)* ...que mademoiselle sait. Les personnes... *(Nouveau coup d'œil à Robert.)* ...que mademoiselle sait... sont en effet obligées d'attendre l'aube à l'office. Elles n'ont plus de train pour Paris avant demain matin.

ISABELLE

Jusqu'à quelle heure la maison Chauvin assure-t-elle le service d'un repas?

LE MAITRE D'HOTEL

Jusqu'à minuit, mademoiselle.

ISABELLE

Eh bien, nous attendrons minuit.

LE MAITRE D'HOTEL *a un geste.*

C'est comme mademoiselle voudra. Toutefois, les cuisines ne possédant pas de frigidaire, j'avertis dès à présent mademoiselle qu'il y a certaines sauces dont je ne réponds pas.

Il sort.

ROBERT

Mais, enfin, qu'est-ce que tout cela signifie, mademoiselle?

ISABELLE

Figurez-vous, monsieur, que je comptais sur vous pour me le dire.

ROBERT

Sur moi! Mais d'abord, où sommes-nous ici?

ISABELLE

Dans une maison que Georges a louée toute meublée ce soir pour me recevoir.

ROBERT

Une garçonnière de quinze pièces! et à Senlis encore!

ISABELLE

Ce n'était pas tout à fait une garçonnière, cela devait figurer sa maison natale.

ROBERT

Sa maison natale! J'adore ce détail. Et l'appariteur des pompes funèbres qui vient de sortir?

ISABELLE

C'est un maître d'hôtel de la maison Chauvin qui devait jouer le rôle du vieux serviteur de la famille.

ROBERT

Tiens! tiens!

ISABELLE

Il y a aussi dans la cuisine un comédien et une comédienne pour le papa et la maman.

ROBERT

Pour le papa et la maman! Bravo! Et vous, qu'est-ce que vous deviez jouer dans tout cela? D'abord, qui êtes-vous, vous?

ISABELLE

Je suis une de ses amies.

ROBERT

Georges a beaucoup d'amies. Une amie d'où?

ISABELLE

Une amie de nulle part. Puisse cela me distinguer des autres... Je l'ai rencontré au musée du Louvre.

ROBERT

Au musée du Louvre! c'est admirable. Monsieur visite le musée du Louvre, maintenant! Monsieur nous fourre tous dans le pétrin pour visiter à loisir le musée du Louvre. Sacré Jojo!

ISABELLE

Mon Dieu, quelle horreur! vous l'appelez Jojo!...

ROBERT

Quelquefois, quand je suis de bonne humeur!

ISABELLE

Mais il ne m'avait pas dit cela...

ROBERT

J'ai l'impression qu'outre ce léger détail, il y a beaucoup de choses qu'il a oublié de vous dire, mon ami Georges.

Un silence.

ISABELLE

Il ne vous a même pas dit que vous deviez dîner ici ce soir avec une jeune fille?

ROBERT

Même pas, mademoiselle.

ISABELLE

Je me demande bien pourquoi il n'a pas voulu que nous nous rencontrions.

ROBERT

Je me le demande aussi, mademoiselle.

Un silence.

Vous savez à quelle heure il doit revenir ici?

ISABELLE

Il était déjà parti quand je suis arrivée; il n'avait rien dit à ces gens en les quittant.

ROBERT

Charmante soirée!

Il s'assoit.

ISABELLE *le regarde.*

C'est drôle, il m'a dit qu'il vous racontait tout et il ne vous a même pas parlé de moi.

ROBERT

Ce doit être un oubli, mademoiselle.

ISABELLE

Vous êtes pourtant bien son ami, n'est-ce pas?

ROBERT

Son ami intime, mademoiselle, n'en doutez pas. Son seul et véritable ami intime. Tout ce qu'il y a de plus intime, je vous prie de le croire. Le petit Castor de ce cher Pollux.

Un silence.

ISABELLE

C'est vrai que vous lui avez sauvé la vie en barque, autrefois?

ROBERT

En barque? Non, mademoiselle, je regrette, mais je ne sais pas nager.

ISABELLE, *après un silence.*

Ah! Et cette jeune fille que vous aimiez tous les deux à dix-huit ans, cette jeune fille que vous lui avez sacrifiée?

ROBERT

Une jeune fille sacrifiée? non, je ne me souviens pas. Je suis confus, mademoiselle, mais je n'ai jamais entendu parler de cette jeune fille.

ISABELLE

Il faut que je me fasse une raison. Vous n'avez pas non plus vendu vos meubles un jour afin qu'il puisse s'acheter un habit, n'est-ce pas?

ROBERT *s'esclaffe.*

Mes meubles, il vous a dit mes meubles? Ah! monsieur a une imagination extrêmement brillante! Monsieur me voit vraiment très chevaleresque. Mes meubles! Oh! que j'aime ce dernier trait... oh! que je l'adore et qu'il me touche! Mes meubles! Monsieur est trop bon, vraiment, monsieur est trop bon. Il burine l'idylle, il chatouille la pastorale, monsieur, il fait de la miniature quand il est de sortie avec une dame. *(Il s'est levé, méchant.)* Ah! je t'en ficherai des fillettes sacrifiées, des dévouements, des délicatesses; je t'en ficherai, monsieur, des amis véritables!... Ah! Monsieur pour plaire aux dames s'invente un ami dévoué, un ami dévoué qu'il a le culot d'appeler du même nom que moi! Eh bien, je vais vous dire ce que nous sommes, mademoiselle, monsieur et moi...

ISABELLE

Non, ne me dites rien. Je ne veux rien savoir.

ROBERT

Rien savoir? Ah! non, alors, cela serait trop facile!

ISABELLE

Lui me dira, alors, pas vous!

ROBERT

Ah! Monsieur vous a dit que je l'aimais, qu'il m'aimait comme un frère... Eh bien, monsieur me hait, mademoiselle, et je hais monsieur. Nous sommes des amis de toujours, oui, cela c'est vrai, et nous les tétions ensemble, nos nourrices; mais la haine nous est venue avec l'âge de raison, et depuis, croyez que nous avons rattrapé le temps perdu.

ISABELLE

Qu'est-ce que vous faites ici alors, ce soir? Qu'est-ce que vous faites près de lui tous les jours?

ROBERT

Je tiens à lui, ma chère petite demoiselle, comme le coquillage à son rocher et pour la raison qui fait les vrais inséparables : il me fait vivre.

ISABELLE

Mais lui, pourquoi vous garde-t-il près de lui?

ROBERT

Il a besoin de moi tous les jours, le cher ange, pour m'humilier, pour me faire faire ses courses, ou mieux, il a besoin de ma femme.

ISABELLE

De votre femme?

ROBERT *salue gracieusement.*

Comme j'ai l'honneur de vous le dire, la honte

au front! Mais vous n'avez pas l'air de très bien comprendre? Je me sers pourtant de la langue française, la plus concise, la plus claire, la langue des diplomates et des souverains. Vous faut-il un mot plus expressif?

ISABELLE

Vous me dégoûtez, taisez-vous!

ROBERT

C'est ma spécialité, je dégoûte! On vient de me le dire il y a un instant. D'ailleurs, c'est vrai, c'est moi qui suis dégoûtant par-dessus le marché, je ne l'ignore pas, ma chère. Tandis que ce que fait monsieur, c'est tout de même très grand seigneur, cela a tout de même beaucoup de grâce. Et la grâce, n'est-ce pas, c'est tout. C'est d'ailleurs le rêve de monsieur, la grâce!... Que voulez-vous, c'est un délicat, monsieur, pas méchant pour deux sous au fond... Ainsi, ces comédiens jouant les parents nobles, cette maison vénérable, monsieur les désire sincèrement, monsieur les aime. Cet ami du meilleur modèle, croyez-moi, il ne rêve que lui. Seulement, pour l'avoir en chair et en os, il aurait fallu qu'il le paie de quelque chose, monsieur, son ami dévoué!

LE MAÎTRE D'HOTEL *entre, affolé.*

Mademoiselle, mademoiselle... ce sont d'autres personnes... Je ne sais plus, moi, je suis débordé!

M. et Mme Delachaume apparaissent, suivis de Barbara.

MONSIEUR DELACHAUME

Eh bien, Robert, sacrebleu?...

MADAME DELACHAUME

Nous nous inquiétons, il est près de onze heures!

ROBERT

Ah! vous voilà, vous? vous arrivez bien. L'atmosphère est tout à fait propice. C'est exactement le moment des apparitions théâtrales. En plein feuilleton, en plein mystère. Venez! venez! c'est le moment où on en apprend des belles, des vertes, des pas mûres, des absolument incroyables! Vous savez ce que vient de me révéler cette charmante jeune fille qui attend ici monsieur, la larme à l'œil et la main sur le cœur? Monsieur m'adore et j'adore monsieur!

MONSIEUR DELACHAUME, *qui n'y comprend rien.*

Mais enfin, sacrebleu, en voilà une façon de nous recevoir! Qui est cette jeune fille, d'abord?

ROBERT

Cette jeune fille? c'est les « Mystères de New York ». C'est la frêle et pâle héroïne entraînée toute tremblante par monsieur dans les plus sombres aventures!

MONSIEUR DELACHAUME

Où sommes-nous ici?

ROBERT

Dans la maison du Chinois, la maison où les portes s'ouvrent toutes seules dans les murs, où les lotus sont des téléphones et les téléphones des lotus... D'ailleurs, regardez ces tentures, ces plantes vertes, ces cache-pot, ces portraits de famille. Tout cela est louche. Tout cela est extrêmement louche! Attention, monsieur Delachaume, attention! sous vos pieds, ce léger défaut du tapis, c'est la trappe! c'est par là, c'est sûrement par là qu'ils vont arriver!

MONSIEUR DELACHAUME, *qui sursaute et change de place.*

Mais qui, sacrebleu? je n'y comprends rien, moi, qui?

ROBERT

Mais eux! les autres! les invités du Chinois!

Acte III

A ce moment les comédiens, intrigués par le bruit, apparaissent par le fond. Robert trépigne.

Tenez! tenez!... quand je vous le disais! les voilà!

Les comédiens, ahuris, disparaissent. Robert est monté sur une chaise.

Cette maison est entièrement truquée, messeigneurs! Cette maison regorge de papas postiches, de mamans en staff. Soulevez ces fauteuils, il y a certainement une grand-mère dessous, un ami intime dans chaque tiroir... Et tout cela inventé de toutes pièces par monsieur pour plaire à une jeune fille! Ah! non, c'est trop beau, je vous dis que c'est trop beau, j'en éclate, j'en mourrai ce soir!

Il est tombé assis sur sa chaise. On ne sait pas s'il pleure ou s'il rit. Il crie à Barbara.

Tu entends, toi? c'est plus fort que tout ce qu'on avait vu jusqu'à ce jour. Monsieur s'était inventé une famille. Mais cela, ce n'est rien, c'est courant, cela se fait tous les jours. Monsieur a fait mieux. Monsieur a dit à mademoiselle que je l'adorais, qu'il m'adorait. Qu'il m'adorait, tu entends? Eh bien, cela ne te fait pas rire? qu'il m'adorait? Tu ne ris pas?

BARBARA, *doucement*
sans cesser de regarder Isabelle.

Tais-toi, Robert.

ROBERT

Qu'est-ce que tu dis?

BARBARA

Je te dis que tu devrais te taire maintenant.

ROBERT

Me taire? Mais tu ne sens donc pas qu'au point où la scène en est arrivée maintenant il ne nous est plus possible de nous taire? Que nous allons enfin devoir jouer nos rôles, tous, jusqu'au bout? Allez, parlez, madame Delachaume, parlez maintenant, je vous en conjure, c'est le moment! Mettez-vous la main sur le cœur, et bien vite!... Monsieur Delachaume, tremblotez de la moustache, soyez digne, digne, digne, c'est le moment! Dites-lui qu'il vous faut votre fils tout de suite pour le ramener à la maison, qu'il y va de l'avenir de toute la famille! Allons, allons! qu'est-ce que vous attendez? c'est votre scène!

MADAME DELACHAUME *commence très « mère ».*

Mademoiselle... je sens bien que cette situation est très pénible pour vous comme pour nous, mais c'est une mère qui vous parle... Vous avez l'air d'être une jeune fille comme il faut. Vous me comprendrez, j'en suis sûre. Notre fils vous a menti. Il faut que vous nous le rendiez.

MONSIEUR DELACHAUME, *qui croit que c'est vrai.*

Cet enfant est en train de briser son foyer, mademoiselle!

MADAME DELACHAUME

C'est notre bonheur, à tous, que vous tenez entre vos mains! Je vais vous expliquer, mademoiselle...

ISABELLE *s'est dressée.*

Non, madame.

MADAME DELACHAUME

Comment non?

ISABELLE

Je ne veux rien apprendre.

MONSIEUR DELACHAUME

Ah! cela, c'est insensé, par exemple!

ISABELLE

Je me boucherai les oreilles; j'irai attendre Georges ans la rue au besoin, mais je n'apprendrai rien.

MADAME DELACHAUME

Mais vous parlez comme une enfant! vous ne pourrez pas ne pas tout apprendre.

ISABELLE

Alors, de Georges, mais pas de vous!

MONSIEUR DELACHAUME

Rien ne pourra nous empêcher de vous dire que notre fils est en train de briser sa vie à cause de vous, mademoiselle.

BARBARA *s'avance soudain.*

Ah! vous me dégoûtez, vous me dégoûtez trop.

ROBERT

Comment? comment? Du tact, nom de Dieu! un peu de tact, madame!

BARBARA

Vous me dégoûtez tous les trois avec votre peur de le perdre... Vous savez bien que vous allez le reprendre, le ramener là-bas tout à l'heure, cela ne vous suffit pas? Dites, cela ne vous suffit pas?

ROBERT

Allons, bon! il ne manquait plus que cela! Madame défendant les amours de monsieur avec la belle inconnue. Quand je vous dis que c'est les « Mystères de New York »...

BARBARA

Qu'est-ce que vous avez besoin de lui dire à cette jeune fille? Qu'est-ce que vous avez besoin de démolir encore? Vous croyez que ce n'est pas suffisant qu'elle nous ait vus, tous ici, ce soir, avec nos sales têtes d'hypocrites?

MADAME DELACHAUME

Barbara!

MONSIEUR DELACHAUME
qui n'est pas sûr d'avoir compris.

Qu'est-ce qu'elle a dit?

MADAME DELACHAUME

Ma petite Barbara, vous ne savez plus ce que vous dites! la jalousie vous égare!

BARBARA

Je veux qu'on le laisse tranquille maintenant. Je veux qu'on le laisse être heureux, tranquille.

MADAME DELACHAUME

Mais vous êtes folle, ma petite, sans nous?

BARBARA, *doucement.*

Oui, sans nous.

MADAME DELACHAUME *éclate.*

Et c'est cela que vous appelez aimer Georges?

Il y a un silence.

ROBERT, *doucement.*

Réponds, quand on t'interroge. C'est cela que tu appelles aimer Georges?

ISABELLE, *qui n'a pas cessé de regarder Barbara.*

Mais... qui est cette jeune fille?

ROBERT *salue, bouffon.*

Ma femme, mademoiselle. Je ne sais pas où j'avais la tête quand elle est entrée. Excusez-moi. Je vous présente Mme Jeannette Lemoine dite Barbara, parce que cela fait mieux. Dis bonjour à la dame, toi! enlève ton chapeau.

ISABELLE

Votre femme? mais...

ROBERT

Oui, il y a un mais! Il y a toujours un mais dans

la vie, quand on gratte un peu la surface des choses. Un conseil. Vous me paraissez d'un naturel sain et tranquille; ne vous livrez jamais à ce petit travail, c'est dangereux. Ne grattez pas, mademoiselle, ne grattez surtout pas! Les apparences suffisent largement à faire un monde.

Georges est apparu au fond, il le voit, il lui crie sans se démonter.

C'est pas vrai, mon vieux?

ISABELLE *court à lui.*

Georges!

MADAME DELACHAUME, *presque en même temps.*

Mon petit Georges, nous te cherchons partout.

MONSIEUR DELACHAUME

Il faut absolument que tu sois rentré avant minuit! Tu entends? Absolument!

GEORGES *a un geste.*

Pas de cris, papa. Je reviens de là-bas. Tout est arrangé. *(A Isabelle :)* Je vois que les présentations se sont faites toutes seules.

ISABELLE

Oui, Georges.

GEORGES

Voilà Robert, le célèbre Robert. La femme de Robert, dont je ne vous avais rien dit, par une négligence vraiment incompréhensible... Mon vrai père, ma vraie mère. Où sont les autres?

ISABELLE

A côté. Ils n'ont pas de train pour repartir avant demain matin.

GEORGES

C'est parfait. Vous avez fait votre choix? Avec

lesquels préférez-vous passer la soirée? Les faux étaient charmants, s'ils avaient su leurs rôles. Mais les vrais ne sont pas mal non plus, vous verrez...

ISABELLE

Pourquoi m'avez-vous menti, Georges?

GEORGES

Vous me le demandez? Ils ne vous ont pas parlé? C'est bien étonnant! Ils vous ont au moins dit que j'étais marié?

ISABELLE

Non, Georges.

MONSIEUR DELACHAUME

Apprends que tes parents ont tout le tact et la délicatesse qui te font défaut, mon garçon. Nous n'avons rien dit.

GEORGES, *doucement*.

Je suis marié, Isabelle.

ISABELLE, *d'une voix sans ton*.

Ah! Georges.

GEORGES *continue*.

Je suis marié depuis quatre ans avec une fille riche que je n'aime pas. Une fille très riche. *(Il a un pauvre sourire. Sans cesser de regarder Isabelle il ordonne :)* Explique, papa. Tu expliques si bien.

MONSIEUR DELACHAUME, *qui ne sait pas
si on se moque de lui ou s'il doit être fier*.

J'explique si bien... j'explique si bien... Naturellement, je suis fier de ton mariage. Et qui n'en serait pas fier! Avez-vous entendu parler des poutrelles métalliques Desmond, mademoiselle?

ISABELLE, *balbutiant
sans quitter Georges des yeux*.

Oui... peut-être... je ne sais pas.

Acte III

GEORGES, *doucement*.

Eh bien, j'ai épousé les poutrelles métalliques Desmond.

MONSIEUR DELACHAUME

La plus grosse affaire de poutrelles d'Europe!

ISABELLE

Est-ce tout, Georges?

GEORGES

Non, Isabelle. Nous vivons tous de ce mariage, y compris Robert et sa femme, et s'ils m'ont poursuivi jusqu'ici, c'est que ma femme a décidé de nous flanquer tous dehors si je n'étais pas rentré à l'heure ce soir.

MADAME DELACHAUME

Ne l'écoutez pas, mademoiselle, il ne sait pas ce qu'il dit!

GEORGES *continue*.

Il y a beaucoup plus fort encore. Chez nous, il y a toujours plus fort.

ISABELLE *le coupe d'un geste*.

Non, je ne veux pas vous écouter, vous non plus.

GEORGES *la regarde, son sourire se durcit encore,
il dit d'un autre ton après un temps*.

Vous avez peur, vous qui n'avez jamais peur?

ISABELLE

Non. Mais pourquoi essayez-vous de rire, avec ce mauvais rire que je ne vous connais pas? Vous avez mal, vous.

Il s'est tu.

Georges, avez-vous le courage de rester seul avec moi cinq minutes?

GEORGES

J'ai tous les courages, ce soir.

MADAME DELACHAUME *s'avance.*

Georges, mon petit, je sais que cette situation est très délicate pour toi, très pénible même; mais il est près de onze heures, Paris est loin, nous pouvons avoir un retard sur la route...

ISABELLE

Je ne vous demande que cinq minutes, Georges, je crois que vous me les devez.

GEORGES *a un geste aux autres.*

Laissez-nous, je vous en prie.

> *Ils hésitent. Il ajoute, las.*

Vous pouvez sortir sans crainte, dans cinq minutes nous retournerons tous ensemble à la maison. Rien ne peut plus nous en empêcher maintenant.

> *Les Delachaume et Robert se consultent du regard et vont vers la porte.*

MONSIEUR DELACHAUME, *sortant.*

Soit, nous te faisons confiance une dernière fois. Tu entends? une dernière fois! A tout à l'heure.

GEORGES

A tout à l'heure, papa.

> *Ils sont sortis. Il revient vers Isabelle en silence.*

Quel effondrement, n'est-ce pas? Un jeune homme de si bonne famille; un jeune homme qui avait toutes les qualités. Trop de qualités, d'ailleurs, ma chère, je m'étonne que cela ne vous ait pas donné l'éveil.

ISABELLE

Pourquoi m'avez-vous menti, Georges?

GEORGES

Vous me questionnez? Je croyais que vous ne vouliez rien savoir.

ISABELLE

Je veux seulement savoir pourquoi vous m'avez menti. Dites-le-moi sans crainte. Vous voyez, je vous demande cela sans trace de pathétique, sans le moindre trémolo dans la voix. Je ne vous ferai pas de scène.

GEORGES

Eh bien, c'est cousu de fil blanc, ma chère. Je rencontre une jeune fille au musée du Louvre. Je prends le thé pendant deux mois avec elle en visitant idylliquement le vieux Paris. Car vous m'avez fait bel et bien visiter le vieux Paris et prendre le thé... Je déteste le thé. Je hais le thé. Alors, un jour, j'en ai eu par-dessus la tête de votre thé dans vos petits tea-rooms verts et roses. Par-dessus la tête de nos frôlements de mains entre deux meringues, de nos baisers volés dans des taxis. Seulement, que faire? Que proposer à une jeune fille de Pau (Basses-Pyrénées), égarée dans la capitale pour y suivre des cours de lettres?... Lui révéler les mystères de la vie parisienne? Impossible. L'amour, l'hôtel borgne? C'était fichu d'avance. Que vous offrir alors? Ils vous l'ont dit, je suis marié; je n'ai plus rien de convenable à offrir sur cette terre. Alors, comme je suis un garçon extrêmement noir, j'ai imaginé ce bon jeune homme, sa maison natale, son vieux serviteur fidèle et ses respectables parents — et j'ai bel et bien décidé de vous séduire, ma chère!

ISABELLE, *doucement*.

Avez-vous sérieusement pensé que j'allais croire quelque chose d'aussi bête?

GEORGES *baisse la tête*.

Non, Isabelle, mais j'essayais. Il faut toujours essayer.

ISABELLE

Pourquoi m'avez-vous menti, Georges?

GEORGES *la regarde en silence,
puis, d'un autre ton.*

Eh bien, le premier jour je vous ai menti pour la triste raison que je viens de vous dire. Vous me plaisiez, vous étiez une jeune fille, je n'allais pourtant pas vous avouer qui j'étais, de but en blanc, pour tout faire rater.

ISABELLE

Les autres jours?

GEORGES

Les autres jours, je me suis mis à vous mentir pour ne pas vous avoir trop menti le premier jour. Pour que ce bon jeune homme pour lequel vous aviez tant de sympathie soit un peu vrai, dans la mesure du possible.

ISABELLE

Mais pourquoi toute cette comédie ce soir, puisque je devais partir demain?

GEORGES, *souriant.*

La comédie de ce soir, c'est autre chose... C'est le détail pour lequel les assassins se font toujours prendre. Ils ont des alibis irréprochables, ils essuient minutieusement leurs empreintes, seulement ils donnent dix sous à un gosse en sortant, ou bien ils cueillent dans le jardin du mort une fleur pour leur boutonnière... *(Il baisse la tête comme un garçon pris en faute.)* La comédie de ce soir, c'était pour le plaisir, Isabelle.

ISABELLE

Quel plaisir?

GEORGES

Le plaisir de vivre enfin une vraie soirée de famille avec vous.

ISABELLE, *demi-surprise et demi-amusée.*

Vous croyez que c'est si amusant que cela, une vraie soirée de famille?

GEORGES

Je ne sais pas.

ISABELLE

Comment, vous ne savez pas?

GEORGES, *doucement.*

J'imagine.

Il est pelotonné dans un coin du canapé, les mains dans les poches de son imperméable au col relevé, les yeux fermés. Isabelle le regarde un instant ainsi, désarmé, puis questionne.

ISABELLE

Vous n'avez pas été élevé chez vos parents?

GEORGES

Si...

ISABELLE

Ils ne s'entendaient pas très bien ensemble, peut-être?

GEORGES

Pas très bien, c'est cela... Maman rentrait toujours très tard de prendre le thé avec ses amies... Elle avait tant d'amies! On l'attendait longtemps pour dîner... Quand il était vraiment trop tard et que je m'endormais sur la table, la bonne me faisait manger et elle était furieuse d'être obligée de me faire manger... Papa aussi était furieux. Alors, il montait s'enfermer dans sa chambre avec ses soldats de plomb.

ISABELLE

Ses soldats de plomb?

GEORGES

Oui. C'est papa, chez nous, qui avait des collections de soldats de plomb. Oh! c'était vraiment une drôle de maison... Votre maman et votre papa étaient sérieux, vous?

ISABELLE

Oui, Georges.

GEORGES

Et tout le monde était à table en même temps?

ISABELLE

Bien sûr.

GEORGES, *sans ironie.*

Cela devait être merveilleux. *(Un temps il regarde Isabelle, lui sourit.)* Il n'y a qu'à vous regarder, d'ailleurs, pour deviner que vous êtes la petite fille d'une maison bien en ordre. D'une maison où il faisait clair et chaud le soir, où les domestiques étaient polis et les repas sans drames. Heureuse, radieuse Isabelle... Comme vous devez en avoir, des grand-mères heureuses se tenant à la queue leu leu par le pan de leur jupe derrière vous, jusqu'à la dernière qui vous tient à la main et qui vous protège encore. *(Un temps, il a un petit sourire, il ajoute :)* Je vais vous dire quelque chose de drôle, je crois bien que j'ai été aussi amoureux de toutes vos grand-mères.

ISABELLE, *doucement, après un temps.*

Au milieu de tant de mensonges, c'était donc vrai, Georges, que vous étiez un peu amoureux de moi?

GEORGES

Oui, Isabelle, cela, c'était vrai.

ISABELLE

Alors, je suis tout de même heureuse.

GEORGES

Vous avez raison, soyons heureux. *(Il rêve un instant.)* Comme on est exigeant, toujours! On commence par ne pas vouloir moins d'une vie de bonheur, puis on apprend que quelques années volées, c'est déjà une étrange chance... Après, on accepte de se contenter d'un soir... Et puis, tout d'un coup, il ne vous reste plus que cinq minutes, et on arrive à trouver que c'est encore une oasis infinie, cinq minutes de bonheur! *(Il regarde le salon, sombre et accueillant autour d'eux.)* On est bien, n'est-ce pas, dans ma vieille maison? Papa et maman ont enfin plié leurs journaux et regagné leurs chambres; le vieux Robert lui-même a fini par comprendre et nous a laissés... Nous sommes bien. Nous n'avons même pas besoin de nous tenir la main comme les amoureux des premiers jours pour nous assurer de notre présence dans cette pénombre, dans ce silence. Nous sommes sûrs que nous sommes là. Quelle tranquille fin d'une heureuse journée... Qu'est-ce que nous ferons demain, ma chérie?

ISABELLE

Beaucoup de choses, Georges.

GEORGES

Quelque chose d'un peu bête, en tout cas. Une de ces invraisemblables occupations des amoureux encore chastes, qui ne savent jamais où se poser dans Paris... Nous irons au musée Grévin, ma chère, ou au bois de Boulogne canoter.

ISABELLE, *souriant.*

Nous aurons été des fiancés terriblement canoteurs, Georges.

GEORGES, *souriant aussi.*

Terriblement — mais à dessein. *(Il lève un doigt et, sentencieux, il bouffonne :)* Les fiancés doivent apprendre sur les esquifs du bois de Boulogne à bien conduire plus tard la barque de leur vie... Vous savez que je serai un vieux monsieur très radoteur au bout de vingt ans de mariage! Est-ce que vous me détesterez?

ISABELLE

Non.

GEORGES

Non, vous serez très douce, très maigre et très charmante. La vieille compagne fidèle. Celle qui a fait le coup de feu avec vous, contre les chercheurs d'or à l'époque du Colorado. Celle qui ne s'est pas teint les cheveux, qui a conservé toutes ses rides. Acceptez-vous de garder vos rides et d'avoir les cheveux tout blancs par amour pour moi, Isabelle?

ISABELLE

Bien sûr, Georges.

GEORGES, *après un soupir, soulagé.*

Ah! bon. Je sens que je n'aurais pas pu vivre mes cinq minutes de bonheur sans cette assurance-là. Je les aurais certainement perdues à vous faire une scène... Peut-être faudrait-il que je vous en fasse une, absolument gratuite, pour que ces cinq minutes ressemblent vraiment à une vie heureuse. Qu'en pensez-vous?

ISABELLE, *souriant.*

Je crois que l'intention suffit, mon chéri.

GEORGES *s'arrête, la considère.*

Mon chéri! quel est ce courage extraordinaire? Vous ne m'aviez jamais appelé ainsi, Isabelle...

ISABELLE, *baissant la tête et souriant.*

Avant je n'osais pas. Mais cela fait déjà quatre minutes que nous vivons ensemble, alors...

GEORGES

Quatre minutes, déjà. Comme le temps passe... Je

me demandais d'où venaient cette confiance, cette quiétude entre nous. Nous en sommes déjà à l'apaisement, à la tendresse, aux noces d'or... Nous aurons été très heureux ensemble, Isabelle. Et, sans nous l'être beaucoup dit, je crois que nous nous serons bien aimés.

ISABELLE *demande, tremblante un peu.*
Pourquoi employez-vous le passé?

GEORGES *recule et lui sourit un peu tristement.*
Parce que notre longue vie conjugale est déjà presque finie.

ISABELLE
Cessez ce jeu, je vous en supplie. J'ai peur maintenant, Georges.

ROBERT *paraît à la porte et entre.*
Excusez-moi, j'ai l'air du geôlier dans les anciennes pièces. Mais les cinq minutes sont passées. Le papa et la maman sont déjà dans la voiture.

ISABELLE
Georges, s'il vous plaît!

GEORGES *la regarde éperdue dans ses bras.*
Il lui sourit
et la caresse un peu comme une enfant effrayée.

N'ayez pas peur, Isabelle. Laissez-moi seul avec eux un instant. Je vais tout arranger, je vous le promets. *(Il la reconduit vers le fond, la tenant par l'épaule, puis revient à Barbara, brusquement, dès qu'Isabelle a disparu.)* Tu vas rester derrière nous, toi. Tu lui diras que je lui ai menti parce que j'avais peur de sa peine. Que je ne l'aime pas et que je ne l'ai jamais aimée, qu'il vaut mieux qu'elle retourne chez elle et qu'elle oublie cette pauvre histoire le plus vite qu'elle pourra.

ROBERT *s'est approché, il lui tape sur l'épaule.*
Ah! tu en as de la chance de ne pas être sentimental, toi!

GEORGES *pâlit et lui dit doucement.*

Tu me fais mal, Robert, retire ta main.

BARBARA *s'est avancée.*

Qu'est-ce que tu as? Tu es tout pâle.

GEORGES

Mon épaule. Déboutonne mon imperméable, s'il te plaît.

Barbara s'est précipitée, elle déboutonne l'imperméable, puis le veston. Elle crie :

BARBARA

Mais tu es plein de sang, Georges!

GEORGES, *d'une voix sans ton, les yeux fermés.*

Ne touche pas. Ma chemise est collée. Déboutonne seulement l'imperméable.

BARBARA

Mais tu es blessé, Georges!

GEORGES

Ce n'est rien, c'est Henriette. Tu sais, son petit revolver à poignée de nacre? Eh bien, elle s'en est servie, cette fois. Nous avons eu une scène terrible. J'ai voulu la désarmer, elle est tombée en arrière contre le marbre de la cheminée. Ils se sont tous mis à crier. Je me suis sauvé pour tâcher de revenir ici quand même... Je crois bien que je l'ai tuée.

ROBERT *bondit.*

Nom de Dieu! il faut que nous allions tout de suite là-bas. Tu peux marcher?

GEORGES

Je crois qu'il faudrait seulement que je boive un peu d'alcool.

ROBERT

De l'alcool? Où veux-tu que je prenne de l'alcool dans cette baraque?

Acte III

GEORGES

Appelle le maître d'hôtel.

Robert va sonner.

LE MAITRE D'HOTEL
entre après une courte attente.

Monsieur a sonné?

ROBERT

Vous avez de l'alcool ici?

LE MAITRE D'HOTEL, *avec un sourire.*

Oh! Monsieur, quelle question! *(Il récite :)*
 « Un repas sans liqueurs
 Est un jardin sans fleurs
 La maison Chauvin
 Soigne alcools et vins. »
Nous avons toutes les liqueurs, monsieur, et un vieux calvados maison recommandé.

GEORGES

Non. Je voudrais du rhum.

LE MAITRE D'HOTEL, *pincé.*

Ah! justement nous n'avons pas de rhum. Cela ne se demande plus. Oh! nous avons bien un rhum fantaisie aux cuisines, qui devait servir pour l'omelette flambée si tout s'était déroulé normalement, mais je n'ose pas le recommander à monsieur pour la consommation ordinaire.

GEORGES *s'est levé.*

Nous descendons. Portez tout de même votre flacon de rhum fantaisie à la voiture.

LE MAITRE D'HOTEL

Avec un verre, monsieur, avec un verre?

Ils sont sortis sans lui répondre.

LE MAITRE D'HOTEL, *resté seul, atterré.*

Du rhum fantaisie, et au goulot, peut-être!... *(Il a un frisson de dégoût et sort, les bras au ciel.)* Ah! quelle soirée!

LE RIDEAU TOMBE

QUATRIÈME ACTE

Même décor. Barbara et Isabelle sont debout immobiles devant la porte de la salle à manger grande ouverte. Elles semblent attendre quelque chose. La propriétaire paraît, tenant une cuvette et des linges.

LA PROPRIÉTAIRE

Cela va être bientôt fini. Le docteur dit que la blessure est très superficielle.

Elle sort.

BARBARA

Vous croyez que cela lui fait très mal?

ISABELLE

Un peu, je crois.

BARBARA

Je ne voudrais pas qu'il ait mal.

ISABELLE

Cela ne doit pas être bien terrible...

BARBARA

Vous ne tremblez pas, vous? Vous avez beaucoup de courage. Lui aussi, il a beaucoup de courage, mais en plus, il est terriblement douillet. *(Un temps. Elle la regarde. Elle demande soudain :)* Vous l'aimez, au moins?

ISABELLE

Pourquoi me demandez-vous cela?

BARBARA

Vous avez l'air si calme... Lui, il vous aime, vous savez. Il vous a menti tout à l'heure. Il vous cherche depuis toujours.

Isabelle hausse les épaules.

ISABELLE

Qu'en savez-vous?

BARBARA, *doucement, avec un petit sourire triste.*
Je le connais bien.

ISABELLE, *après un temps.*
Vous avez été sa maîtresse, n'est-ce pas?

BARBARA

Moi, à votre place, je ne poserais plus une seule question. Vous savez qu'il vous aime, qu'est-ce que cela peut vous faire ce qu'il a été avec nous?

ISABELLE

Vous avez raison, cela m'est égal.

BARBARA

Il a été tout ce que vous n'aimez pas... Tout ce qu'il ne sera plus jamais s'il peut partir avec vous demain.

ISABELLE

Parce que vous n'êtes pas encore sûre qu'il partira avec moi?

BARBARA

Pas encore, non. J'ai une chance encore pour moi. Une sale petite chance toute noire que je ne peux pas vous dire...

ISABELLE

Vous croyez que vous me faites peur avec votre petite chance?

BARBARA

Oh! je n'ai pas l'intention de vous faire peur...

ISABELLE

Vous allez essayer de le retenir, je le sais. Vous allez essayer de lui parler tout à l'heure.

BARBARA

Non, je n'essaierai pas.

ISABELLE

Cela serait bien étonnant que vous le laissiez partir sans rien faire!

BARBARA

Les autres essaieront peut-être, mais pas moi. Je n'ai plus rien à lui dire, moi.

ISABELLE

Cela vous amuse d'avoir l'air de me le donner?

BARBARA

Oh! non. Je n'ai pas le genre « sainte », vous savez. Et d'ailleurs, mon Georges à moi, je ne pourrais pas vous le donner. Mon Georges à moi, vous n'en auriez pas voulu.

ISABELLE

Vous croyez?

BARBARA

J'en suis sûre. Ce n'est pas du tout un bon jeune homme, vous savez, mon Georges à moi. Il est tout ce que vous devez haïr. Il est triste, il n'est jamais sûr de rien, jamais... Il est injuste... Il est brutal.

ISABELLE

Vous mentez.

BARBARA

Oui. Lui aussi. Il est menteur. Il donne des rendez-vous auxquels il oublie de venir. Il ne tient jamais ses promesses. Il est frivole, il est méchant, il fait des scènes... Vous voyez que c'est un drôle de Georges, mon Georges.

ISABELLE

A quoi cela peut-il bien vous servir de me dire du mal de lui?

BARBARA *sourit.*

Mais ce n'est pas du mal... Je l'ai aimé ainsi, moi.

Il y a un silence, elles se regardent.

ISABELLE, *soudain.*

Vous devez me détester, n'est-ce pas?

BARBARA

Non. C'est drôle, je vous ai détestée de toutes mes forces au début, quand il vous cherchait partout sans vous connaître... Mais, j'ai dû user toute ma haine; maintenant qu'il vous a trouvée pour de bon, je m'aperçois que je ne vous déteste même plus.

ISABELLE

Moi, je vous déteste.

Le docteur entre.

BARBARA *va à lui.*

C'est fini, docteur?

LE DOCTEUR

Oui, mademoiselle. C'était une égratignure. Veillez seulement à ce qu'il repose, pour que la fièvre ne monte pas. *(Il les salue.)* Mesdemoiselles, auriez-vous la bonté de me montrer le chemin?

Elles hésitent, puis Isabelle se décide soudain.

ISABELLE

Je vais vous accompagner, docteur.

Elle sort avec le docteur. Georges entre. Ils se regardent. Il passe en silence, puis, soudain, il demande inquiet.

GEORGES

Où est-elle?

BARBARA *a un petit sourire.*

Elle n'est pas partie... Elle va revenir. Étends-toi. Le médecin a dit qu'il fallait que tu te reposes un peu.

GEORGES *va au canapé.*

Quelle bêtise, hein? Si je m'étais seulement évanoui un peu plus tard, dans la voiture, vous ne m'auriez pas ramené ici.

BARBARA

Tu es mieux? Il ne t'a pas fait trop de mal?

GEORGES

Non. Pourquoi est-elle sortie?

BARBARA

Elle est allée raccompagner le médecin... *(Un silence. Elle questionne soudain.)* Qu'est-ce que tu vas faire, Georges?

GEORGES

Je ne sais pas. *(Il ajoute doucement :)* Ce n'est peut-être déjà plus à moi à décider ce que je vais faire. *(Un temps. Il demande :)* Il y a combien de temps que Robert est parti?

BARBARA

Bientôt une heure.

GEORGES

Il aurait déjà pu téléphoner.

BARBARA

Il n'y a pas de téléphone ici. J'ai dû demander à un voisin tout à l'heure, au 34. Robert n'y aura peut-être pas pensé.

Elle le regarde en silence. Soudain elle pense à quelque chose qui lui fait venir les larmes aux yeux. Georges la regarde, elle détourne la tête, lui aussi. Il s'étend sur le canapé.

GEORGES

J'aimerais mieux que tu ne pleures pas, Barbara.

BARBARA

Moi, pleurer? penses-tu. Je ne pleure pas. On ne pleure pas toutes les fois qu'on se frotte l'œil.

GEORGES

Ne mens donc pas. Qu'est-ce que tu étais en train de penser?

BARBARA, *sans oser le regarder.*

Je pensais que nous avions tant joué aux bandits tous les deux, les premiers temps où nous sortions ensemble... Tu te rappelles? Nous étions traqués. Nous étions obligés de fuir. Nous prenions des taxis... Nous entrions avec de terribles précautions dans les cafés... Voilà que tu joues aux bandits sans moi, maintenant?

Georges ne répond pas. Elle baisse la tête et continue doucement, honteusement.

J'espère de toutes mes forces que tu n'iras pas en prison, Georges. Et j'ai du mérite à espérer cela, tu sais. Parce que je ne peux pas m'empêcher de penser que, si tu allais en prison, c'est moi qui viendrais t'attendre à la sortie. *(Elle relève la tête, elle demande:)* Je te dégoûte, n'est-ce pas?

Georges ne répond pas. Un silence encore.

BARBARA

Tu ne veux même pas me répondre?

Acte IV

Isabelle est entrée, elle va au canapé où Georges est étendu, les yeux fermés. Elle se penche.

ISABELLE, *à Barbara.*

Il dort... C'est la fatigue sans doute, l'émotion, ou bien ce sang qu'il a perdu, quand il s'est évanoui tout à l'heure.

BARBARA *a un petit sourire mystérieux.*

Non. Il s'endort toujours quand il est malheureux.

ISABELLE

Pourquoi?

BARBARA

Pour ne plus avoir mal. C'est un truc qu'il a.

ISABELLE

Un truc?

BARBARA

Oui. Avec vous il ne s'est jamais mis à boire un soir, vers cinq heures?

ISABELLE

Jamais, non.

BARBARA

Il ne s'est jamais mis à rire trop fort tout d'un coup? A chanter des chansons de régiment à tue-tête — à être gai coûte que coûte, trop gai?

ISABELLE

Jamais.

BARBARA

Alors, vous voyez bien que nous ne parlons pas du même garçon.

Robert paraît sur le seuil. Il descend rapidement. Barbara se précipite.

Eh bien?

ROBERT

Où est-il?

BARBARA

Là. Il dort.

ROBERT *se détourne et voit Georges endormi.*

C'est magnifique! Nous cavalons par les chemins nocturnes, pleins d'angoisse; nous échafaudons des plans, des évasions, des alibis, que sais-je? Pendant ce temps-là, monsieur se sent las et s'endort.

BARBARA

Mais, enfin, parle! qu'est-ce qui se passe là-bas?

ROBERT, *sans l'écouter.*

Tu vois, j'aurais voulu que ce soit lui qui me demande cela, qui me regarde avec ces yeux aux pupilles agrandies. J'aurais pris mon temps et, avec cet essoufflement légèrement contenu des messagers des tragédies classiques, je lui aurais dit : « Mon pauvre ami... »

BARBARA *le secoue.*

Vas-tu parler, oui ou non, idiot?

ROBERT *change de ton et va s'asseoir plus loin.*

Penses-tu! une bosse, une simple bosse! Et madame est plus amoureuse que jamais. Elle pense maintenant, la malheureuse, qu'il doit l'adorer pour avoir failli aller jusqu'au crime. C'est le père Edgar qui lui a suggéré cela... Je dois dire qu'il ne manque pas d'imagination, le vieil artiste.

BARBARA

Où sont-ils tous les deux?

ROBERT

Je les ai laissés assis au pied du lit d'Henriette en train de tuer, un peu prématurément, le veau gras.

ISABELLE

Un peu prématurément, en effet; Georges a décidé,

Acte IV

tout à l'heure, de partir avec moi pour les Pyrénées.

ROBERT

Vous l'emmenez élever des abeilles?

ISABELLE

Oui.

ROBERT

A quel titre? Apiculteur stagiaire?

ISABELLE

Non, mon amant, et mon mari, je pense, dès que le divorce sera prononcé.

ROBERT

Petit délicat! Monsieur a senti le besoin de se refaire un peu à la campagne; alors, d'un très gracieux coup d'épaule, il nous balance tous et prend le train demain matin... *(Il s'est retourné vers Barbara. Il bouffonne :)* Pouvons-nous nous opposer à ce que monsieur aille faire une cure, ma chère amie?

BARBARA, *mi-plaisante, mi-rêveuse.*

Je ne le pense pas.

ROBERT

Que nous reste-t-il à faire, ma chère amie?

BARBARA

A nous en aller.

ROBERT

Noblement?

BARBARA

Noblement.

ROBERT

Avec une galanterie bien française, un sourire également bien français, la main sur le cœur, le pied au derrière... *(Il a pris le bras de Barbara, un pied en avant, tiré son mouchoir.)* Le mouchoir bien haut pour l'adieu final : « Adieu! et soyez heureux, vous l'avez mérité!... Vous n'entendrez plus jamais parler de nous. » *(Il s'arrête net. Redescend vers Isabelle.)* Non, sans blagues! vous vous figuriez que cela allait se passer comme ça, ma chère petite demoiselle? Vous vous figuriez que c'était fait? que vous fileriez demain vers le bonheur avec le délicieux petit jeune homme? Ah! je ris... ah! ah! ah! ah! ah! ah! vous m'entendez, je ris. Et je m'installe.

ISABELLE

Qu'est-ce que vous faites?

ROBERT *s'installant avec ostentation.*

J'attends qu'il se réveille. Un conseil. Vous m'êtes sympathique. Vous ne savez pas ce que je ferais à votre place? Je partirais avant.

ISABELLE

Vraiment? et pourquoi?

ROBERT

Monsieur est amoureux, c'est entendu. C'est chaud, c'est tendre, cela pétille. Mais elle n'est pas folle, la guêpe. Monsieur rentre toujours en fin de compte quand il faut rentrer. En tout cas jusqu'ici, après des aventures semblables, monsieur est toujours rentré à la maison. Et il n'y a aucune raison pour qu'il ne rentre pas cette fois encore avec nous.

ISABELLE

Je crois que cette fois il faudra vous y résigner. Georges ne vous suivra pas.

ROBERT

Mademoiselle, si vous étiez sage, vous me croiriez. Je suis un homme d'âge et d'expérience, comme on dit. Je connais bien monsieur, il m'a fait le coup dix fois.

ISABELLE

Taisez-vous, je ne veux plus vous écouter.

ROBERT

Vous avez tort. Je suis en train d'essayer de vous épargner une grande folie... Mademoiselle, ce bel endormi trompe son monde. Cet innocent jouvenceau est un monstre. Il n'est absolument pas fait pour vous. Votre vie me paraît toute claire, toute tracée... Prenez le train toute seule demain à la gare d'Orsay et retournez vers vos abeilles, vers vos grands chiens, vos saintes grand-mères. *(Il la supplie, bouffonnant:)* Mademoiselle... Au nom de vos saintes grand-mères!

ISABELLE *s'éloigne, haussant les épaules*.

Maintenant vous me fatiguez.

ROBERT *la suit*.

Moi aussi, je me fatigue, je m'épuise. Mais je le fais parce que j'ai le sentiment que c'est mon devoir. Évidemment, pour vous, je sais, je suis un homme méprisable. Mais cela ne vous fait rien précisément qu'un homme méprisable — ému par je ne sais quel étrange pressentiment — se donne tant de mal pour éviter à une jeune fille inconnue de gâcher sa vie?

ISABELLE

Rien du tout.

ROBERT

Vous êtes très dure. Moi, à votre place, je trouverais cela bouleversant. Non, sincèrement, mademoiselle, vous croyez qu'il vous aime assez pour jeter sa vieille peau par la fenêtre et devenir un vrai petit agneau, monsieur?

ISABELLE

Oui, je le crois de toutes mes forces. Oui, je crois que je lui apprendrai le bonheur.

ROBERT

Comme si cela s'apprenait, le bonheur... Mais il

faut avoir beaucoup de dons, mademoiselle. Ah! je vous dis que tout cela est touchant! Tu n'es pas touchée, toi? Moi, je suis touché.

ISABELLE

Taisez-vous. Vous ne dites tout cela que parce que vous le haïssez.

ROBERT, *soudain las lui aussi.*

Même pas. Je ne suis plus sûr de le haïr encore. Je l'ai trop dit sans jamais rien faire. Cela s'est éventé. Tenez, je vais dire quelque chose de drôle, mademoiselle. Tout à l'heure, dès que j'ai commencé à parler, j'ai compris que je ne vous convaincrais pas, qu'il vous suivrait, mais j'ai continué pour qu'il s'éveille et qu'il me flanque dehors. Parce que, quand je suis lancé et que je parle et que je m'enfonce, il faut qu'il y ait quelqu'un qui me fasse taire et me flanque dehors. C'est un service qu'on me rend, sans quoi je continue, je continue, je m'épuise et je me fais autant de mal qu'aux autres.

BARBARA, *après un silence, va à lui.*

Viens maintenant, mon vieux, ce n'est même pas la peine d'attendre qu'il s'éveille.

ROBERT

Tu crois? *(Il se lève, très homme d'affaires.)* Dans ce cas, mademoiselle, je serai bref. Notre fin de mois va être extrêmement difficile. Pouvez-vous me prêter cinq mille francs?

ISABELLE

Vous me croyez donc riche, moi aussi... Je suis presque pauvre.

ROBERT, *modeste.*

Deux mille?

ISABELLE, *qui a presque un rire.*

Deux mille, oui, peut-être. J'ai à peu près cela dans mon sac.

Elle va prendre son sac. Barbara le lui arrache des mains.

BARBARA

Mon petit Robert, excuse-moi de te faire cette peine.

ROBERT

Comment? Qu'est-ce qui te prend, toi? tu es folle?

BARBARA *remet l'argent dans le sac.*

Pas du tout.

ROBERT

Oh! le geste est d'une allure, ma chère!... Je le raconterai, croyez-le, aux patrons des restaurants à prix fixe auxquels nous allons être réduits dès la semaine prochaine et je ne doute pas qu'en échange ils ne nous offrent une entrecôte... Mais si c'est que tu as voulu faire un beau geste, il est fait, maintenant, ton beau geste, alors fiche-nous la paix. *(Il l'écarte.)* N'écoutez pas cette enfant, mademoiselle, je vous en prie, elle a eu un mouvement inconsidéré.

BARBARA *s'interpose encore.*

Non, Robert.

ROBERT

Mais, mademoiselle se proposait tout simplement de nous aider dans un moment difficile...

BARBARA

Eh bien, je ne veux pas qu'elle nous aide.

ROBERT *s'assoit, complètement découragé.*

Si nous nous mettons tous à être nobles, nous n'en sortirons jamais. Il en faut des nobles, mais pas trop.

BARBARA, *après un temps, soudain.*

Tu as raison, mon vieux, je suis idiote. Si nous nous mettons tous à être nobles, nous n'en sortirons jamais. Il n'en sortira jamais, lui surtout. Donnez-moi cet argent, mademoiselle. Cela sera plus simple pour lui après tout.

ROBERT

Bravo! Prenez-la au mot, chère amie, et restons-en là. *(Il voit que Georges bouge.)* Attention, il s'est réveillé.

Il cache précipitamment les billets. Georges s'est dressé. Il les regarde.

GEORGES

Où sont papa et maman?

ROBERT

Avec Henriette, qui se porte comme un charme. Une simple bosse, mon vieux, c'est à recommencer demain.

GEORGES, *avec un soupir immense.*
On le sent inondé soudain d'une joie dure.

Je ne veux même pas retourner là-bas. Je ne veux rien de ce que j'ai là-bas. Demain j'aurai un autre costume, une autre chemise et je prendrai le train.

ROBERT

Nous savons.

GEORGES, *brutalement.*

Pourquoi es-tu revenu alors?

ROBERT

Te dire au revoir peut-être. On s'adore ou on ne s'adore pas, il faudrait s'entendre.

GEORGES *hausse les épaules.*

Tu diras à papa et à maman que je reviendrai dans quelque temps à Paris pour les formalités du divorce. Que je vais travailler. Que je les aiderai dans la mesure du possible. *(Un temps.)* Il faudra peut-être que papa cherche quelque chose à faire.

ROBERT

Il cherchera, sois sans crainte. Il cherche d'ailleurs depuis trente ans. Mais on a tant de mal à trouver une place de nos jours...

GEORGES

Je vais leur donner tout ce qui me reste. Ils vont aller à l'hôtel, sans doute, les premiers temps. Maman va vouloir descendre dans un palace, naturellement, comme toujours, pour ne pas déchoir aux yeux de ses amies... Et papa va la suivre, en croyant que le prix de la chambre c'est pour la semaine, vin et café compris.

ROBERT

Le vieil artiste est en retard sur nous de plusieurs guerres.

GEORGES

Tâche de leur faire comprendre qu'ils sont assez grands pour être raisonnables, maintenant; qu'il faut qu'ils vivent au moins deux mois avec cela... *(Il se tourne avec un sourire vers Isabelle.)* Je vous demande pardon de ces détails.

ISABELLE

C'est moi qui vous demande pardon. Je vais vous laisser, Georges.

GEORGES *va avec elle, jusqu'à la porte.*

Merci, Isabelle. Cela va être tout de suite fini.

Elle est sortie, il y a un silence. Ils se regardent gênés.

Voilà.

ROBERT, *en écho.*

Voilà.

GEORGES

Qu'est-ce que vous allez faire tous les deux?

ROBERT

Je te répondrai avec un mot du vieil artiste : nous allons « aviser » mon cher.

GEORGES

Est-ce que Barbara va être obligée de travailler?

BARBARA

Cela ne te regarde pas!

GEORGES

Je ferai un compte plus exact de ce qui peut me rester et je t'enverrai quelque chose.

ROBERT

Je te remercie. Justement, c'est un peu gênant de te dire cela dans un moment d'émotion, mais enfin je voulais t'avertir ce soir si tu étais rentré dîner... J'ai reçu la note du tailleur. Tu sais le tailleur pour le...

GEORGES

C'est bon, je t'enverrai cela aussi.

ROBERT, *doucement*.

Quinze cents francs.

GEORGES

Ah? tu m'avais dit trois mille.

ROBERT *baisse la tête*.

Oui, mais c'était quinze cents.

GEORGES *sourit*.

Tu es honnête à ta manière.

ROBERT

Tout le monde est honnête d'une certaine manière. Le malheur, c'est qu'il n'y en a qu'une qui est officielle.

Un temps. Ils sont gênés.

Voilà.

GEORGES

Voilà.

ROBERT, *soudain dans le silence.*

Il y a une chose que je voudrais tout de même savoir... Pourquoi lui as-tu dit que je t'avais sauvé la vie en barque, autrefois?

GEORGES

Tu as oublié ce jour de grosse houle en Bretagne où je croyais que je n'arriverais pas à reprendre pied? Tu étais vert de peur, mais tu as tout de même mis le canoë à la mer. *(Un temps.)* Nous avions douze ans.

ROBERT

Comme le temps passe... *(Il y a un silence encore. Robert demande soudain d'un autre ton :)* Écoute, après tout, nous n'en sommes plus à un détail près... Si je te gêne pour dire adieu à Barbara, je peux sortir.

BARBARA *se jetant à son bras dans un cri.*

Non, ne sors pas. *(Elle s'est tournée vers Georges, cramponnée à Robert.)* Cette jeune fille doit s'impatienter, Georges. Je t'assure que tu devrais la rappeler maintenant.

GEORGES *se tourne vers elle.*

Oui... Je voulais te dire au revoir, avant.

BARBARA

C'est fait depuis cinq minutes.

GEORGES

Nous ne pouvons pas nous quitter comme cela.

BARBARA

Si, je t'assure que nous pouvons nous quitter comme cela. *(Elle crie presque :)* Qu'est-ce que tu es en train de chercher dans nos voix qui te ressemble?

Dans nos soucis qui te regarde? Tu n'en peux plus de nous; je le sais depuis plus longtemps que toi! Alors, dépêche-toi de nous flanquer dehors. J'ai mal, moi.

GEORGES, *doucement.*

Moi aussi, j'ai mal.

BARBARA, *doucement aussi, après un temps.*

Je l'espère bien, Georges...

GEORGES

J'ai mal, mais il faut que je vous quitte, c'est vrai. Que je te quitte, Barbara. Pour toujours.

BARBARA, *dans un souffle.*

Pour toujours, oui.

GEORGES

Ceux qui quittent une maîtresse lui promettent leur amitié pour adoucir un peu leur départ. Je ne te promets même pas mon amitié. *(Plus bas. C'est difficile à dire, et il le dit presque avec tendresse.)* Je te promets ma haine. Mon dégoût, Barbara.

BARBARA

Ton dégoût, oui.

GEORGES

Nous avons tous mené une vie ignoble autour d'Henriette, mais surtout nous deux. Eux ne pensaient qu'à l'argent, mais nous, au milieu de ces petites combinaisons, de ces sales complicités, nous avons fait les gestes de l'amour.

BARBARA, *plus doucement si c'est possible.*

Les gestes, oui.

GEORGES, *soudain.*

Je te demande pardon, Barbara.

BARBARA *lève les yeux, après un temps.*

De quoi?

GEORGES, *sourdement.*

De la sale vie que je t'ai fait mener.

BARBARA *est soudain secouée
d'un frisson de tendresse, elle sourit.*

Oh! tu sais... Il ne faut pas. C'est plutôt moi qui t'en remercie, de cette sale vie... *(Elle crie soudain, se dirigeant vers le fond, après un terrible silence :)* Je vais la chercher!

GEORGES *court après elle, la rattrape.*

Barbara!

BARBARA *lui fait face.*

Quoi? qu'est-ce que tu veux que je te dise encore? que pour moi c'était tout simple, toutes ces horreurs... aussi simple que son clair bonheur, pour ta jeune fille, parce que je t'aimais? Tu crois que cela sera plus facile après?

Elle s'est dégagée, elle court à la porte. Il l'a laissée partir. Elle appelle.

Mademoiselle! Mademoiselle!

Georges n'a pas bougé. Barbara revient avec Isabelle.

BARBARA

Nous allons partir, nous sommes entièrement d'accord, mon mari et moi. Merci pour l'argent!

GEORGES *bondit.*

Quel argent?

ROBERT *essaie de s'interposer.*

Rien du tout! rien du tout! une plaisanterie! une erreur!

BARBARA *à Georges, en face.*

De l'argent que nous lui avons demandé pour compenser celui de Mme Henriette. Tu ne te figures pas que nous allions te quitter sans argent, tout de même! Pour qui nous prends-tu?

GEORGES

Je vous défends de rien accepter d'elle! Je vous enverrai tout ce que j'ai!

ROBERT *hausse les épaules.*

Ce sera vite fait, tu n'as plus rien!

> *Barbara éclate d'un rire faux, qui s'arrête soudain. Elle demande fiévreusement, comme si quelque chose la pressait.*

BARBARA

Dis donc, Robert?

ROBERT

Ma chère amie?

BARBARA

Si nous nous en allions maintenant? Qu'est-ce que nous fichons ici?

ROBERT

C'est juste. Du tact, ma chère amie, du tact avant tout... *(Il fait un salut très mousquetaire.)* Mademoiselle...

> *A ce moment les comédiens entrouvrent la porte et passent la tête avec le maître d'hôtel. Robert les voit.*

Entrez, mesdames et messieurs! N'hésitez pas, entrez! N'ayez pas peur, voyons, vous êtes chez vous ici... *(Il introduit les autres, abasourdis.)* Entrez, entrez... C'est ici la maison du bonheur, de la dignité, des joies permises... *(Et, comme ils entrent, à Barbara, qu'il a prise par le bras :)* Regarde-moi ça, fillette, si c'est beau... Ça, c'est de la famille, de la vraie, pas ignoble! Regarde-moi ça, si cela pète les bons sentiments — ou du moins si cela sait les feindre... Et pour une famille, c'est l'essentiel!

PHILÉMON

Mais enfin, monsieur, que nous voulez-vous? Je ne sais pas ce que vous avez, c'est ridicule!...

Acte IV

ROBERT, *sans rire.*

Erreur, monsieur, erreur. C'est pathétique! Vous êtes comédiens, je crois, monsieur?

PHILÉMON

Oui, monsieur.

ROBERT

Alors vous allez pouvoir me donner un conseil. Nous avons fini notre scène : comment croyez-vous que nous devons sortir?

PHILÉMON

Mais, monsieur, une sortie, cela ne s'indique pas comme ça... Cela dépend de la situation, du personnage. Quel personnage jouez-vous?

ROBERT

Les traîtres.

PHILÉMON

Ah! Ah! Il y a de belles sorties à faire avec le traître... Albert Lambert sortait en se drapant dans sa cape...

ROBERT, *qui recule doucement, tenant Barbara par la main.*

Je suis en veston, cela manquerait d'ampleur.

PHILÉMON

Le regretté Silvain, dans Arnolphe, sortait presque en courant sans regarder personne.

ROBERT, *qui recule.*

Mal commode! nous voulons voir tous les visages jusqu'à la fin.

MADAME DE MONTALEMBREUSE

Sarah Bernhardt, elle, ne sortait pas. Elle restait en scène, carrément, jusqu'à l'acclamation finale!

ROBERT, *qui recule.*

On ne va pas nous acclamer, et puis, d'ailleurs, nous autres, nous devons vraiment sortir.

PHILÉMON

Mounet, alors, le grand Mounet, quand il devait sortir, il s'avançait d'abord jusqu'à la rampe...

ROBERT, *qui est maintenant
tout au fond de la scène.*

Trop dangereux! D'ailleurs, ne cherchez plus maintenant. Nous avons franchi les trois mètres qui nous séparaient de la porte. Ces trois derniers mètres qu'on met quelquefois des années à franchir et pendant lesquels tout peut recommencer dix fois... Personne n'a bougé?... Personne n'a prononcé un mot, poussé un cri... Une fois, deux fois, trois fois?

BARBARA, *doucement,
sans quitter Georges des yeux.*

Personne.

ROBERT

Alors, voilà. Nous sommes sortis.

Ils disparaissent comme dans une trappe.

PHILÉMON

Raté! Personne n'est jamais sorti comme ça.

ISABELLE, *dans un cri de joie.*

Ils sont partis, Georges!

GEORGES

Oui, Isabelle.

ISABELLE

Vous allez pouvoir vivre maintenant.

GEORGES

Oui, Isabelle, je vais pouvoir vivre.

On entend un bruit sourd dehors. Il tressaille.

Qu'est-ce que c'est?

ISABELLE, *avec la cruauté tranquille
des gens heureux.*

Rien. C'est la portière d'une voiture.

Ils écoutent, un instant, immobiles.

Voilà. Le moteur ne voulait pas partir. Maintenant il est parti. La voiture démarre, elle a déjà atteint le bout de la rue. Elle a franchi la lueur du dernier lampadaire. Elle est entrée dans la nuit. Elle n'existe plus.

GEORGES *la regarde,
il murmure avec un sourire effrayé.*

Vous êtes terrible, Isabelle...

ISABELLE

Je suis le bonheur. Et c'est toujours un peu terrible, le bonheur.

LE MAITRE D'HOTEL *s'est avancé.*

Je demande pardon à monsieur et à mademoiselle, mais me serait-il enfin possible d'annoncer à madame qu'elle est servie?

ISABELLE

Oui, maintenant.

LE MAITRE D'HOTEL

Enfin! *(Il annonce, comme si rien ne s'était passé :)* Madame est servie.

MADAME DE MONTALEMBREUSE,
à qui Philémon offre son bras.

A table, les enfants! Il est minuit moins cinq... Je pense que nous allons faire un drôle de dîner.

LE MAITRE D'HOTEL

Erreur, madame, erreur!

Il récite.

« Rien n'est réchauffé, tout est froid!
Miracle de la maison Chauvin. »

Il s'arrête, confus.

Oh! pardon, je voulais dire...

PHILÉMON, *lui donnant une tape amicale
avant de passer dans la salle à manger
au bras de Mme de Montalembreuse.*

Cela ne fait rien, allez! pour un repas de famille...

*Georges et Isabelle sont passés derrière eux
dans la salle à manger. Le maître d'hôtel sort
le dernier et ferme la porte derrière lui.*

FIN DU RENDEZ-VOUS DE SENLIS

Léocadia

PERSONNAGES

AMANDA, *modiste*.
LE PRINCE.
LA DUCHESSE, *sa tante*.
LE BARON HECTOR.
LE MAITRE D'HOTEL.
LE CHAUFFEUR DE TAXI.
LE MARCHAND DE GLACES.
LE PATRON DE L'AUBERGE.
LA DAME DU VESTIAIRE.
LES TZIGANES.
LE MAITRE D'HOTEL DE LA DUCHESSE.
LE GARDE-CHASSE.
VALETS.

PREMIER TABLEAU

Un boudoir d'un luxe écrasant. Une jeune femme, Amanda, est assise, une petite valise de carton à ses pieds. Elle a l'air d'être là depuis longtemps. Elle bâille, caresse un nègre de Venise tout près d'elle, sur son socle. Soudain, elle le lâche vivement; une petite dame est entrée, précédée d'un face-à-main, c'est la duchesse. Elle va d'abord au nègre et le replace comme il doit être, puis elle marche sur la jeune femme qui s'est levée.

LA DUCHESSE

C'est vous?

AMANDA

Oui, madame, je crois.

LA DUCHESSE

Tenez-vous droite.

Amanda abasourdie se redresse.

LA DUCHESSE, *sévère.*

Comment se fait-il que vous ne soyez pas plus grande?

AMANDA

Je ne sais pas, madame, je fais ce que je peux...

LA DUCHESSE, *péremptoire*.

Il faudra faire un sérieux effort.

Amanda la regarde.

Mon enfant, j'ai soixante ans et je n'ai jamais porté que le Louis XV. *(Elle montre son talon.)* Mais pas votre Louis XV de coureurs cyclistes. Résultat, quelle taille me donnez-vous pieds nus?

AMANDA

Un mètre quarante peut-être, madame.

LA DUCHESSE, *vexée*.

C'est bon, j'ai trente-huit. Mais cela n'a aucune espèce d'importance, car vous ne me verrez jamais pieds nus. Personne ne m'a jamais vue pieds nus, mademoiselle. Sauf le duc, bien entendu. Mais il était myope comme une citrouille. *(Elle va à elle, sévère.)* Qu'est-ce que c'est que cela.

AMANDA, *un peu décontenancée*.

Des gants.

LA DUCHESSE

Jetez-les aux bêtes!

AMANDA

Aux bêtes?

LA DUCHESSE

C'est une expression. Elles n'en voudraient pas. Mon horreur du vert a, si j'ose dire, déteint sur mes caniches. On ferait chair à pâté de ces malheureuses petites créatures plutôt que de les faire coucher sur un coussin vert. Je dois ajouter qu'ils n'en ont d'ailleurs jamais vu. Il n'y a rien de vert dans ce château, mademoiselle, que vos gants.

Elle les jette au feu.

AMANDA *ne peut s'empêcher de gémir.*

Mais, madame, je les ai payés très cher, ces gants...

LA DUCHESSE

Vous avez eu tort. *(Elle lui a pris la main.)* Bon, la main est fine. C'est tout à fait ce que je pensais. Cela coud des chapeaux mais cela a de la branche. D'ailleurs qui n'a pas cousu de chapeaux de nos jours? Moi peut-être. Mais je suis d'un autre monde. Au fait, on vous a dit sur ce télégramme ce qu'on allait vous proposer ici?

AMANDA

Une place, je crois, madame?

LA DUCHESSE *s'exclame.*

Une place... J'adore cette expression. Cette petite est ravissante. *(Elle vient lui répéter sous le nez :)* Ravissante. *(Elle lance sans cesser de la regarder :)* N'est-ce pas, Gaston?

Comme elles sont seules dans la pièce, Amanda regarde autour d'elle un peu surprise; la duchesse lui explique.

LA DUCHESSE

C'est le duc. Il est mort en 1913, mais je suis tellement étourdie que je n'ai jamais pu me défaire de l'habitude de lui parler. *(Elle la regarde encore, elle vient s'asseoir près d'elle.)* Ravissante. *(Elle lui parle soudain chaleureusement comme à un petit chien :)* Et vous êtes contente d'avoir trouvé « une place », comme vous dites?

AMANDA

Oh! oui, madame. Il y a deux jours précisément — j'aime mieux vous l'avouer puisque la maison m'a donné un excellent certificat — j'ai perdu mon emploi chez Réséda Sœurs.

LA DUCHESSE *s'est levée et va à la porte.*

Je sais, je sais, ma petite fille. C'est moi qui vous ai fait renvoyer.

AMANDA *s'est levée aussi, démontée par cet aveu.*

Comment c'est vous? Eh bien, vous en avez un toupet, vous, alors!...

LA DUCHESSE *sourit à ce mot et sort en criant.*

Un toupet! Un toupet! Gaston, quand je vous dis qu'elle est adorable!

La jeune femme est retombée assise sous ce coup; sa petite valise toujours à ses pieds, elle regarde autour d'elle, de plus en plus abandonnée. On sent qu'elle commence à avoir envie de pleurer. Un maître d'hôtel entre et s'incline cérémonieusement devant elle.

LE MAITRE D'HOTEL

Mme la duchesse me demande de m'informer auprès de mademoiselle s'il serait agréable à mademoiselle qu'on lui servît une légère collation en attendant le retour de Mme la duchesse.

AMANDA

Je vous remercie, je n'ai pas faim.

LE MAITRE D'HOTEL

Que mademoiselle m'excuse, mais je ne m'informais que pour la forme. Mme la duchesse m'a donné l'ordre de servir cette collation à mademoiselle, même si mademoiselle me répondait cela.

Une extraordinaire collation est servie par des valets, sur une petite ritournelle, avec un déploiement insolent d'argenterie, et Amanda reste seule devant trop de gâteaux et trop de compotiers pour avoir envie de prendre quelque chose. Finalement elle prend timidement une mandarine et commence à l'éplucher. La duchesse entre en coup de vent, suivie d'Hector, un grand hobereau maigre et faisandé. Elle va à Amanda, lui arrache sa mandarine et la jette au feu.

LA DUCHESSE

Jamais de mandarines, jamais d'oranges, jamais de citrons. Tout cela fait maigrir et vous ne pouvez pas vous permettre de perdre un gramme, ma petite fille. N'est-ce pas que cela serait frappant, Hector, avec un soupçon de rondeur en plus?

Hector, qui a mis son monocle pour regarder Amanda, n'a même pas le temps de répondre; la duchesse marche sur elle.

Des œufs, des farineux, des farineux, des œufs! *(Elle appelle :)* Théophile!

LE MAITRE D'HOTEL *entre aussitôt.*

Madame la duchesse?

LA DUCHESSE

Emportez-moi tout cela et servez-lui un œuf!

AMANDA *s'est levée, résolue.*

Non, madame.

LA DUCHESSE *se retourne, surprise.*

Comment non? Pourquoi non?

AMANDA

D'abord je n'ai pas faim, ensuite je n'aime pas les œufs.

LA DUCHESSE, *à Hector avant de sortir.*

Elle est adorable.

HECTOR, *en écho.*

Adorable.

Ils sont sortis, Amanda cette fois n'en peut plus, elle brandit sa petite valise, on sent qu'elle est prête à casser quelque chose ou à éclater en sanglots; elle crie aux valets qui desservent sous la surveillance du maître d'hôtel.

AMANDA

Mais enfin est-ce que quelqu'un va, oui ou non, pouvoir me dire pourquoi on m'a fait venir ici?

LE MAITRE D'HOTEL, *avant de sortir derrière les valets.*

Que mademoiselle m'excuse, mais personne n'est au courant parmi le personnel. Il faudra que mademoiselle s'adresse soit directement à Mme la duchesse, soit, à son défaut, à M. le baron Hector.

AMANDA, *restée seule, jette sa valise par terre et tape rageusement du pied.*

Crotte, crotte, crotte, crotte et crotte!

LA DUCHESSE, *qui est rentrée par une autre porte, simplement.*

Quel vilain mot! Dites merde, mon enfant, c'est français. Crotte, cela n'atténue rien et c'est sale. *(Elle s'assied très femme du monde.)* Je m'excuse, mademoiselle, de vous retenir ainsi dans ce salon... Vous devez avoir hâte, je le conçois, de connaître votre chambre et de vous reposer un peu des fatigues du voyage... Mais quelqu'un qui ne doit pas vous voir peut rentrer incessamment de promenade et il serait dangereux pour mes plans que vous bougiez d'ici.

AMANDA *s'est assise, calmée, et croit devoir résumer la situation.*

J'ai reçu ce matin un télégramme signé de vous, madame, me disant que vous pourriez m'employer... Mais je finis par me demander si je ne me suis pas méprise.

LA DUCHESSE

Quoi que vous ayez pu supposer, vous vous êtes certainement méprise, mon enfant.

AMANDA

N'est-ce pas? Je suis modiste, je ne sais faire que des chapeaux...

LA DUCHESSE

Et vous pensez que je n'ai pas un genre à faire retaper mes bibis à domicile... Un bon point.

AMANDA

D'autre part, je préfère vous dire tout de suite, madame, que s'il s'agit d'une place de femme de chambre ou même de demoiselle de compagnie... J'ai un métier, madame — et mon renvoi de chez Réséda Sœurs a beau être très ennuyeux pour moi — je tiens à l'exercer, ce métier.

LA DUCHESSE

Vous aviez raison, Gaston, c'est une enfant qui a de la qualité! *(Elle se lève et jette à Amanda en passant devant elle :)* Un autre bon point.

AMANDA *s'est levée aussi.*

Non, madame! Cette fois je ne vous laisserai pas sortir.

LA DUCHESSE

Pas sortir? Voilà du nouveau, Gaston! Nous sommes prisonniers chez nous maintenant — comme sous François Ier.

AMANDA, *un instant démontée.*

Comme sous François Ier?

LA DUCHESSE

Oui, sous François Ier, une fois on nous a consignés dans nos terres. Il paraît que nous y sommes morts d'ennui!

AMANDA

Comprenez-moi, madame, il ne s'agit pas de vous retenir prisonnière; mais je suis arrivée ici au train de quatorze heures seize, il est bientôt cinq heures et le seul train qui puisse me ramener ce soir à Paris est à dix-sept heures trente-neuf. Si, comme je le pense, je n'ai rien à faire chez vous, je veux pouvoir le prendre.

LA DUCHESSE

Non, mon enfant, vous ne prendrez pas ce train.

AMANDA

Et pourquoi, s'il vous plaît, madame?

LA DUCHESSE

Il est supprimé.

AMANDA

Mais il est sur tous les horaires!

LA DUCHESSE

Il est sur tous les horaires, mais je puis vous affirmer qu'il est supprimé depuis hier.

AMANDA, *qui croit tout possible maintenant.*

C'est vous qui l'avez fait supprimer pour m'empêcher de quitter ce château, n'est-ce pas?

LA DUCHESSE

Sous Louis XV, ma petite fille, je l'aurais certainement fait. Malheureusement, depuis 89, ma famille a perdu tout ascendant sur l'administration. Ainsi ce n'est pas moi. Et vous savez qui c'est? Ce sont les francs-maçons qui ont fait le coup. *(Elle la fait asseoir et commence :)* Figurez-vous, ma chère enfant, qu'ils se sont aperçus que ce train permettait aux bonnes gens des environs de venir visiter ma basilique. Et le fait est que nous commencions tout doucement à faire recette (il faut vous dire que j'avais institué tout un système de primes : médailles, chapelets, petits cierges bénits... Je suis de mon temps et je sais que sans publicité, de nos jours, on n'a rien). Tout d'un coup, crac! Sans que j'aie eu le temps de lever le petit doigt, ils me suppriment mon train! Oh! mais je ne me tiens pas pour battue... Vous savez ce que je vais faire pour parer la botte, moi, une d'Andinet d'Andaine? Je vais m'entendre avec Citroën.

Sur ce coup d'éclat, elle va sortir.

AMANDA, *qui n'en peut plus,
pleurniche en la suivant.*

Mais je n'y comprends rien, moi, madame, à votre histoire de basilique, de train et de francs-maçons. Je suis là depuis plus de deux heures à attendre; je n'ai même pas eu le temps de déjeuner ce matin avant de partir de chez moi.

LA DUCHESSE

Pas déjeuné? pas déjeuné? Je vous ai commandé un œuf pour vous faire engraisser. Des œufs, des farineux, des farineux, des œufs. Et n'allez pas croire que c'est un conseil de bonne femme. Un grand spécialiste viennois m'a fait payer mille francs pour me dire cela. Et qu'est-ce qu'il fait, d'abord, cet œuf? Je vais le chercher.

Elle va encore sortir. Amanda lance dans une plainte.

AMANDA

Oh! non, madame! non, ne sortez pas encore une fois sans me dire, je deviens folle.

LA DUCHESSE *s'est arrêtée sur le seuil, solennelle.*

Mon enfant, vous avez l'air d'avoir oublié d'être sotte. Je vais vous faire un aveu. Je n'ai pas soixante ans, j'en ai soixante-sept. J'ai connu le général Boulanger, les débuts de l'aviation, la fin du corset, les cheveux courts, la guerre mondiale. Si je vous dis que je suis une vieille bonne femme qui a eu l'occasion d'en voir de toutes les couleurs, vous me ferez la grâce de me croire, n'est-ce pas?

AMANDA, *épuisée.*

Oui, madame.

LA DUCHESSE

Eh bien, si j'entre et si je sors de ce salon depuis deux heures comme une girouette, c'est parce que je n'ose pas vous dire pourquoi je vous ai fait venir ici.

Elle sort. Amanda l'a regardée s'en aller encore, abasourdie, puis elle saute sur sa valise, moitié apeurée, moitié en colère.

AMANDA

Ah! non, cette fois, ils m'ont vue, ces toqués! J'aime mieux rentrer à Paris à pied!

Elle ouvre une porte-fenêtre, regarde si on ne la voit pas et s'en va en courant par le jardin. Trémolo à l'orchestre. La scène reste vide une seconde; entrent la duchesse et Hector.

LA DUCHESSE

Hector!... Hector!... Où est-elle, Hector? Où est-elle? Je suis saisie d'un affreux pressentiment.

HECTOR, *qui regarde stupidement sous les meubles.*

Pour une fois, il me paraît justifié. Elle est partie.

LA DUCHESSE *lui prend le bras.*

Hector, si elle le rencontre dans le parc, nous sommes perdus!

Ils sortent précipitamment. Le noir. Une courte musique qui s'achève sur un gazouillis d'oiseaux. Quand la lumière revient, nous sommes dans un paysage très agreste.

DEUXIÈME TABLEAU

Un carrefour dans le parc du château, un banc circulaire autour d'un petit obélisque. Dans un coin, arrêté près d'un gros arbre, un taxi démodé — deux jambes débordent du capot. Quand on le regarde bien, on s'aperçoit que c'est un drôle de taxi, délavé, vieillot. Il est entouré de lierre et de chèvrefeuille. Il y a un coq qui s'égosille sur le toit. Non loin de là une boutique de marchand de glaces ambulant rose bonbon et vert. Des jambes en débordent également. Amanda entre en courant avec sa valise. Elle s'arrête en voyant le taxi et pousse un cri de joie.

AMANDA

Mon Dieu! quel bonheur, un taxi! *(Elle cherche, ne voit d'abord personne, puis découvre les jambes.)* Monsieur...

UNE VOIX, *qui vient d'autre part.*

Quoi, monsieur?

AMANDA

C'est à vous ces jambes?

Un aimable vieillard se dresse de derrière la boutique de marchand de glaces, il demande posément en rajustant son lorgnon.

LE MARCHAND DE GLACES

Lesquelles?

Amanda, muette de confusion, lui désigne les jambes qui débordent du capot.

LE MARCHAND DE GLACES, *simplement, avant de retourner avec son journal derrière sa boutique.*

Non. Pas celles-là.

AMANDA *lui crie avant qu'il disparaisse.*

Monsieur, s'il vous plaît?

L'homme se détourne.

Est-ce que je suis encore dans le parc du château de Pont-au-Bronc? Il y a si longtemps que je marche...

LE MARCHAND DE GLACES, *lugubre.*

Oui, mademoiselle... Si longtemps qu'on marche ici, on est toujours dans le parc du château de Pont-au-Bronc.

Les oiseaux ou la ritournelle de l'orchestre se moquent de la frayeur d'Amanda. Elle a soudain empoigné sa valise, elle court au taxi.

AMANDA

Monsieur, taxi, vous êtes libre?

LE CHAUFFEUR, *à ces mots sort furieux de sous sa voiture.*

Bien sûr que je suis libre... Manquerait plus que ça alors que je soye pas libre en France à notre époque.

AMANDA, *remerciant le Ciel.*

Ah! merci, mon Dieu... Sauvée. *(Elle s'engouffre par la portière du taxi en criant :)* Conduisez-moi immédiatement à la gare de Pont-au-Bronc!

Le chauffeur l'a regardée entrer dans son taxi mi-étonné, mi-goguenard. Elle en ressort immédiatement par l'autre portière avec un cri.

Chauffeur!

Tableau II

LE CHAUFFEUR

Oui?

AMANDA *va à lui, défaite.*

Il y a des lapins dans votre taxi.

LE CHAUFFEUR

Mais bien sûr qu'il y a des lapins dans mon taxi. *(Il commence à se mettre en colère tout seul.)* J'ai pas le droit d'élever des lapins, moi, peut-être? Dites, j'ai pas le droit d'élever des lapins?

AMANDA, *qui recule.*

Mais si, monsieur... Vous avez tout à fait le droit d'élever des lapins.

LE CHAUFFEUR

Je suis un être humain comme les autres après tout. Ce n'est pas une raison parce qu'ils me donnent trois mille francs par mois à rien foutre... D'abord je l'avais toujours juré, moi, que je serais jamais chauffeur de maître. Mécanicien qu'ils disent... Larbin plutôt, oui. Merci. Vous entendez? Merci! Merci!

AMANDA, *qui recule toujours.*

Mais de rien, monsieur, de rien... *(En reculant, elle s'accroche à quelque chose, elle pousse un cri, car tout lui fait peur maintenant. Elle regarde ce que c'était, se rassure, a un petit sourire au chauffeur pour excuser son cri :)* Je vous demande pardon, je suis un peu nerveuse aujourd'hui... *(Elle respire.)* C'est du lierre...

LE CHAUFFEUR, *qui s'est calmé.*

Mais bien sûr, c'est du lierre. *(Il retourne à son moteur.)* Ça pousse tout seul cette saleté-là... J'ai bien essayé les rosiers grimpants; mais les petits soins, les mamours au sécateur, les arrosages, pas question... J'ai mis du lierre, ça fait gai et ça vient tout seul.

AMANDA

Du lierre... Mais quand vous roulez, qu'est-ce qu'il fait?

LE CHAUFFEUR

Qui?

AMANDA

Le... le lierre... *(Elle demande clignant les yeux avec un pâle sourire, car tout est vraiment possible ici :)* Il... vous suit?

LE CHAUFFEUR, *que cette idée met en joie.*

Ah! vous êtes drôle, vous, alors... En quoi que vous croyez qu'il est, mon lierre, en « cayoutchouc » — dites — en élastique? *(Il appelle :)* Hé! Joseph.

LE MARCHAND DE GLACES *réapparaît.*

Quoi?

LE CHAUFFEUR

Elle est marrante, la petite... Elle me demande s'il me suit, mon lierre... Dis, tu me vois le soir quand je vais lui faire faire son pipi sur les boulevards... *(Il appelle :)* Petit, petit, petit, veux-tu suivre! Voyons! vilain méchant, tu vas te perdre...

AMANDA, *qui a continué son inspection.*

Mais il ne marche pas, votre taxi, il est plein de racines partout!

LE CHAUFFEUR *se vexe.*

Comment? Comment? Il ne marche pas, mon taxi? Joseph, elle dit qu'il ne marche pas, mon taxi... *(Il va au moteur, furieux, donne un tour de manivelle, le moteur tourne rond. Il triomphe :)* Regardez s'il ne marche pas, mon taxi!

AMANDA

Ah! non, je vous en supplie... Je vous en supplie, ne le faites pas marcher *avec le lierre.* Je deviens folle.

J'ai déjà vu assez de choses extraordinaires aujour-d'hui. *(Elle va au marchand de glaces :)* Monsieur, vous êtes bien un marchand de glaces?

LE MARCHAND DE GLACES

Oui, mademoiselle.

AMANDA

Alors vous n'avez probablement pas de glaces à me vendre? Je meurs de soif...

LE MARCHAND DE GLACES

Une glace? Ah! ma pauvre enfant, cela fait deux ans, vous entendez, deux ans, que je ne fais plus de glaces... Je voudrais en faire maintenant que je ne saurais peut-être même plus!

AMANDA

C'est bien ce que je pensais... Cela me rassure un peu, vous voyez... Les choses commencent à prendre un petit air de logique au milieu de leur extravagance. Ce qui m'aurait plutôt paru louche, c'est si vous aviez été vraiment un marchand de glaces, qui vend des vraies glaces, des glaces qui font froid... Un service encore.

Elle lui tend quelque chose.

LE MARCHAND DE GLACES

Une épingle? Qu'est-ce que vous voulez que j'en fasse de votre épingle?

AMANDA

Piquez-moi, monsieur, s'il vous plaît... Pas trop fort tout de même, monsieur, juste pour voir.

LE MARCHAND DE GLACES, *la piquant.*

Faut avouer qu'elle est marrante!

LE CHAUFFEUR

Elle est pas marrante, elle est sonnée, oui!

AMANDA

Aïe! Merci, monsieur... Merci beaucoup. Je suis très contente... Rendez-moi mon épingle maintenant... On en a toujours besoin dans la vie. Parce que moi, je suis vivante, vous entendez... Quand on me pique, moi, je le sens. Et j'ai deux jambes et je peux marcher, moi. Et je ne vais même pas vous demander où est la gare de Pont-au-Bronc, je vais marcher droit devant moi jusqu'à ce que je trouve une route. Et sur cette route il y aura une borne. Parce que dans la vie — dans notre vie à nous — il y a des bornes kilométriques sur les routes — et je lirai avec mes yeux qui savent lire et j'irai avec mes jambes qui savent marcher jusqu'à la gare de Pont-au-Bronc et là je trouverai un chef de gare — un chef de gare qui sera un vrai chef de gare... *(Elle prend sa valise avec un soupir tout près des larmes.)* Enfin, je l'espère...

Comme elle va sortir elle se heurte à la duchesse qui arrive en trombe avec Hector.

LA DUCHESSE

Dieu soit loué, nous la retrouvons! *(Elle tombe sur le banc circulaire.)* Ah! mon enfant, vous m'avez fait mourir de peur, je suis brisée...

AMANDA, *qui s'est assise aussi.*

Oh! n'essayez pas de me faire pitié... Moi aussi, je suis brisée, madame, moi aussi, je suis morte de peur.

LA DUCHESSE

Et peur de quoi, mon Dieu?

AMANDA

Mais de tout, madame, et de vous d'abord...

LA DUCHESSE

De moi? Quelle drôle d'idée, Hector.

Tableau II

AMANDA, *qui s'anime.*

De ce chauffeur de taxi dont le taxi est enraciné, de ce marchand de glaces qui ne vend pas de glaces, de ce parc dont on ne peut jamais sortir... Où suis-je enfin, madame? et que me voulez-vous? Je suis une ouvrière de la rue de la Paix; je n'ai jamais eu d'aventures, je n'ai pas d'argent, pas les plus petites économies, pas d'ami sérieux pour payer ma rançon — alors pourquoi?

LA DUCHESSE

Pourquoi, quoi?

AMANDA

Pourquoi m'avez-vous fait renvoyer de chez Réséda Sœurs? Pourquoi m'avez-vous attirée ici en me promettant une place — une place de quoi d'abord au milieu de ces énergumènes? Une place de modiste qui ne fait pas de chapeaux, probablement. *(Elle se lève, résolue.)* Et puis d'abord vous ne me faites peur ni les uns ni les autres! Où est la gare de Pont-au-Bronc? Je vous somme de me dire tout de suite où est la gare de Pont-au-Bronc!

LA DUCHESSE

Elle est adorable, Hector.

HECTOR

Adorable.

AMANDA *est retombée assise, à bout de forces, elle balbutie au milieu de ses premières larmes.*

Où est la gare de Pont-au-Bronc?

LA DUCHESSE *pousse un cri et lui prend les mains.*

Ah! non, surtout ne pleurez pas! Je suis incapable de voir pleurer quelqu'un sans sangloter moi-même et me rouler par terre... Pour peu que vous soyez également sensible et que mon chagrin vous tire de nouvelles larmes, voyez-moi si cela serait gai! Nous ne nous arrêterions plus... Je comprends votre désarroi, mon enfant, et votre curiosité. Je vais mettre fin à l'un et à l'autre. L'heure des explications a sonné, si pénibles qu'elles puissent être... Je vais tout vous rendre clair, en un mot. Voilà, mademoiselle, j'ai un neveu. Un neveu que j'adore plus que tout au monde et qui s'appelle Albert. Ce malheureux enfant est en proie à la plus étrange mélancolie... *(Elle renifle soudain :)* Continuez, Hector. C'est une suite d'aventures si poignantes que je n'ai vraiment pas le courage de la raconter une fois de plus.

Hector se lève cérémonieusement; elle le présente d'un tout autre ton.

Mon cousin le baron d'Andinet d'Andaine.

Hector salue, Amanda fait une petite révérence; il va parler, la duchesse le coupe.

Le baron Hector. Qu'il ne faut pas confondre avec le baron Jérôme, l'attaché au consulat d'Honolulu; ni avec le baron Jasmin, le fils de la générale. Le baron Hector.

Hector salue encore et va parler, la duchesse l'interrompt.

D'ailleurs pour le baron Jasmin la confusion n'est plus possible, il est décédé. Parlez, mon cher Hector.

HECTOR

Voilà, mademoiselle, mon cousin le prince Troubiscoï...

LA DUCHESSE

Oui, ma sœur cadette, la pauvre enfant, était devenue Troubiscoï par son second mariage. C'était au moment du voyage du tsar... Le charme slave... Nous avons bien chanté tout cela. D'ailleurs elle en est morte. Continuez, Hector.

HECTOR

Mon cousin le prince Troubiscoï...

LA DUCHESSE

Dites le prince Albert, voyons, elle pourrait croire qu'il s'agit de l'autre — vous savez qui je veux dire — l'imbécile, celui qui a épousé une Anglaise, Patrick Troubiscoï. *(A Amanda très naturellement :)* Vous avez peut-être eu l'occasion de le rencontrer?

AMANDA

Non, madame.

LA DUCHESSE

Cela m'étonne. On le voit partout. Continuez, Hector.

HECTOR

Il y a quelques années, donc, mon cousin le prince Albert Troubiscoï a fait la connaissance à Dinard, tout près d'ici, d'une jeune femme...

LA DUCHESSE *le coupe.*

Taisez-vous, mon cher! Vous racontez ce merveilleux roman avec une telle platitude que j'aime mieux souffrir encore et mettre moi-même cette jeune personne au courant. Mon petit Albert a follement aimé il y a deux ans, mademoiselle, une femme d'une grande beauté et d'une race incomparable... Une femme dont vous avez certainement entendu parler à l'époque; j'ai nommé : Léocadia Gardi.

AMANDA

La grande cantatrice?

LA DUCHESSE

Oui, mon enfant, la grande, l'immense cantatrice. Celle qu'on appelait la divine. Ah! quelle voix, quelle voix quand elle attaquait la reprise du prélude d' « Astarté! »

Elle commence à chanter.

« *Salut, Seigneur, sur cette terre...* »

Elle s'arrête.

Malheureusement, moi, je n'ai pas de voix. J'en avais quand j'étais jeune, un filet — un filet qu'on disait délicieux. Seulement un jour j'ai bu trop d'eau froide et il s'est tari, ce filet. Tari. C'est curieux, n'est-ce pas? Pourtant, de l'eau... Enfin! je n'ai jamais cherché à comprendre. Les médecins sont de tels originaux. Toujours est-il que je n'ai plus de voix. Qu'est-ce que je disais?

HECTOR

Léocadia...

LA DUCHESSE

Léocadia, c'est juste. Donc vous me disiez que vous la connaissiez très bien, cette chère Léocadia. C'est une bonne chose et qui peut nous aider beaucoup.

AMANDA

C'est-à-dire... je ne la connaissais pas très bien... J'avais lu au moment de sa mort dans les journaux.

LA DUCHESSE

Hélas!... Vous savez comment elle est morte?

AMANDA

Un accident, je crois?

LA DUCHESSE

Oui. La pauvre grande chère portait toujours d'immenses écharpes... très personnelles d'ailleurs, très « up to date ». Ces écharpes, elle avait, en vous quittant, une façon inoubliable de les nouer. C'était en tout une passionnée... Un soir, après une discussion d'art, elle quitte des amis sur le seuil de leur villa, elle veut nouer son écharpe en leur criant adieu, mais son geste la dépasse : elle s'étrangle. Elle pousse un cri, un seul — étranglé d'ailleurs — et elle tombe, morte. *(Elle renifle soudain :)* Achevez, Hector, je ne puis plus...

HECTOR, *qui trouve que c'est fini,*
se contente de répéter.

Morte.

LA DUCHESSE

C'est trois jours avant que mon petit Albert s'était mis à l'aimer. Mais ces trois jours devaient le marquer pour toujours. Vous commencez à comprendre maintenant?

AMANDA

Non.

LA DUCHESSE

C'est bien, je continue... Quand il apprit la terrible nouvelle, Albert voulut d'abord se jeter du balcon. Je me cramponnai aux basques de son veston et le retins. Mais ce n'était que parer au plus pressé. Il fallait songer à l'avenir. Je décidai de le faire voyager. Nous fîmes une croisière inoubliable — la plus chère — un tour du monde et demi... Mais en vain. Nous passâmes les cent vingt-deux jours de ce périple, lui assis dans sa cabine à contempler la photographie de la chère disparue, moi assise dans la mienne à le surveiller par la porte entrouverte afin qu'il ne se jetât pas par le hublot... Ah! mon enfant. Vous dirai-je en détail ce que fut pour moi ce long martyre?

AMANDA, *qui commence à en avoir assez.*

Non.

LA DUCHESSE

Non. Vous avez raison, cela serait trop long et trop pénible... Sachez seulement que moi, qui suis la curiosité même, j'ai fait un tour du monde et demi le nez devant une porte! Parfois aux escales ma passion de tout savoir, de tout connaître l'emportait. Je jetais un coup d'œil au hublot. J'entr'apercevais un turban, je me disais, bon : c'est l'Inde... Une natte sur une nuque : c'est la Chine... Une fumée sur un volcan : c'est l'Italie, nous approchons... Ce n'est qu'en touchant le sol français et l'ayant confié à des amis très chers que je consentis enfin à penser un peu à moi-même : le chagrin et l'inquiétude m'avaient fait perdre dix-sept kilos... Mais, Dieu merci, c'était sans gravité — car l'immobilité forcée de ces cent vingt-deux jours me les avait fait reprendre... Nous voici donc à Marseille. Vous me suivez? Je vais peut-être un peu vite pour vous?

AMANDA

Non, madame...

LA DUCHESSE

Un bon point. Nous rentrons au plus vite à Pont-au-Bronc pour y achever les vacances. Là, je commence enfin à sentir que la douleur d'Albert est moins vive. Mais pourtant sa mélancolie m'inquiète... Je le fais suivre par mes espions qui se relaient et me rapportent heure par heure tout ce qu'il fait. J'apprends qu'il passe ses journées autour de Dinard, bavardant tantôt avec un chauffeur de taxi, tantôt avec un vieux marchand de glaces, tantôt avec le garçon d'une misérable petite auberge de Sainte-Anne-du-Pouldu... Quant à ses nuits, il les passe uniformément dans une boîte de tziganes, toujours la même, à une même table, servi par le même maître d'hôtel... Septembre vient. Dinard se vide; toutes les boîtes se ferment, celle-ci reste ouverte et Albert continue, solitaire, à y passer ses nuits. Je n'ai pas pour habitude de me mêler de ce qui ne me regarde pas, mais pourtant je me pique. Il me faut la clef du mystère... J'apprends bientôt qu'il commandite l'établissement qui devait être en faillite depuis longtemps pour le seul plaisir de venir s'asseoir toutes les nuits à cette même table. D'abord, je ne comprends pas et puis, tout d'un coup, je comprends!

AMANDA, *que cette histoire d'amour
a commencé à émouvoir.*

C'était là qu'ils s'étaient dit pour la première fois qu'ils s'aimaient?...

LA DUCHESSE *la regarde et s'écrie.*

Ah! Hector, Hector! admirable petite âme populaire française!... Ce qu'il nous a fallu si longtemps pour admettre avec nos intelligences, le cœur de cette petite s'entrouvre et tout de suite elle le comprend... Car vous avez compris, mon enfant : le chauffeur de taxi, le marchand de glaces, l'auberge du Pouldu, la boîte à tziganes — et j'en passe — c'étaient les témoins de son amour avec la « Divine » que mon pauvre petit Albert allait retrouver chaque jour depuis trois mois.

AMANDA, *rêveuse.*

C'est beau tout de même d'aimer comme ça...

LA DUCHESSE

N'est-ce pas? C'est admirable. Mais mettez-vous à ma place... Albert est un Troubiscoï et — avant tout pour moi — un d'Andinet d'Andaine. N'allez pas croire que je sois un fossile réactionnaire. Non... En 1919, écœurée par ce que j'avais vu pendant la guerre, je suis une des premières infirmières-majors qui aient voulu s'inscrire à la C.G.T. Mais tout de même, tout de même... Avouez que ce n'est vraiment pas la peine de s'être donné un mal de chien pour dominer la moitié du pays depuis le règne de Louis le Gros si l'on doit laisser sept cents ans plus tard son neveu baguenauder dans les rues avec des chauffeurs de taxi et des marchands de glaces... Autant vendre de la dentelle au mètre, et s'appeler tout de suite Dupont!... Qu'est-ce que je disais?

HECTOR

Vous vous êtes aperçue...

LA DUCHESSE *retrouve son fil.*

Ah! c'est juste. Je me suis aperçue que ces gens dont je ne comprenais pas au premier abord l'attirance étaient tout simplement le souvenir de mon petit Albert... Mais dès que je l'eus compris (je suis collectionneuse dans l'âme) j'entrepris d'en faire un assortiment. En quinze jours d'enquêtes et de tractations, tous ceux qui avaient approché le couple pendant ces trois jours de bonheur se trouvaient engagés à l'année dans le personnel de Pont-au-Bronc. Ce n'est pas tout. Comme je sentais que le décor, lui aussi, devait jouer un grand rôle dans les rêves de mon petit Albert, j'ai acheté le taxi, la boutique de glaces, les bancs de squares où ils s'étaient assis... Les bancs, ça été le plus dur. J'ai dû faire un procès à la ville — mais je l'ai gagné... L'auberge du Pouldu et la boîte de nuit, tout a été reconstruit pierre à pierre dans mon parc.

AMANDA

Quel conte de fées!

LA DUCHESSE

Mais non, c'était la moindre des choses... Grâce au ciel ces pauvres enfants n'avaient visité ensemble aucun monument historique, aucun ouvrage fortifié. Car cela, malgré mes attaches avec le haut état-major, cela aurait été beaucoup plus délicat à démolir.

AMANDA

Comme vous devez l'aimer, madame, votre neveu!

LA DUCHESSE

Je l'adore, ma chère enfant, et quand vous le connaîtrez vous l'adorerez comme moi! Et puis que voulez-vous, moi, je suis une casanière, j'aime mes aises par-dessus tout... Alors, de même qu'il se fait raser chaque matin par son coiffeur à domicile, je veux que mon petit Albert puisse se souvenir commodément chez lui.

AMANDA

Mais tout cela ne m'explique pas ce que je fais, moi, ici, madame. Je suis prête à vous jurer sur la tombe de maman qui est morte que je n'ai jamais connu, jamais vu, jamais été vue de monsieur votre neveu — surtout pendant ces trois jours fatidiques —

et que je ne peux à aucun titre faire partie de ses souvenirs... D'ailleurs, je n'ai de ma vie, madame, mis les pieds à Dinard — et à l'époque de la mort de Léocadia Gardi j'étais chez Réséda Sœurs du matin au soir. La seconde de l'atelier, Mlle Estelle, pourra vous le certifier, madame. C'était ma première année dans la maison et je n'ai pas eu le plus petit congé cet été-là — on vous le prouvera — qui m'ait permis de venir jouer les souvenirs sur la côte d'Émeraude!

LA DUCHESSE, *à Hector*.

Elle m'amuse beaucoup.

HECTOR

Il faut avouer qu'elle a du piquant.

LA DUCHESSE

Ce n'est pas du piquant, mon cher, c'est de l'esprit et du meilleur.

HECTOR

De l'esprit, soit — mais un esprit piquant.

LA DUCHESSE *hausse les épaules*.

Un esprit piquant, un esprit piquant... boh! boh! boh! *(A Amanda :)* Ne l'écoutez pas, ma chère enfant, depuis qu'on lui fait du cacodylate à la fesse ce pauvre ami voit du piquant partout... Vous avez de l'esprit. Un point c'est tout. Et c'est déjà très bien ainsi. De nos jours n'en a pas qui veut.

AMANDA

Eh bien, j'ai de l'esprit, c'est entendu. Je consens même à ce qu'il soit piquant si cela peut faire plaisir à monsieur... Mais vous n'allez pourtant pas me faire croire que c'est pour mon esprit, dont la renommée a franchi tout d'un coup les frontières de la rue de la Paix et de la place Vendôme, que vous m'avez fait venir ici?

LA DUCHESSE

Non, mon enfant. *(Elle se trouble soudain.)* Mais

quelle heure est-il? Nous bavardons, nous bavardons...

AMANDA *la fait asseoir de force.*

Asseyez-vous, madame, et répondez-moi une bonne fois. L'heure qu'il est n'a rien à voir à tout cela. C'est quelqu'un à qui vous avez fait rater successivement tous ses trains qui vous le dit!

LA DUCHESSE

Ma petite fille, on ne m'a jamais parlé sur ce ton.

AMANDA

Eh bien, moi, on ne m'a jamais attirée dans des guets-apens en Bretagne; on ne m'a jamais fait faire je ne sais combien de kilomètres en me promettant une place pour ne pas vouloir me dire ensuite en quoi elle consistait.

LA DUCHESSE, *à Hector.*

Nous nous faisons agonir, mon cher, mais avouons que nous l'avons bien mérité. *(Elle prend un air de résolution.)* Il faut parler.

HECTOR, *sans chaleur.*

Parlons.

LA DUCHESSE

Parlons.

Un silence gêné, ils regardent au loin, gênés.

LA DUCHESSE, *soudain.*

Hector.

HECTOR

Oui.

LA DUCHESSE

Vous êtes un homme?

HECTOR

Non.

LA DUCHESSE, *désarçonnée.*

Comment non?

HECTOR, *piteux mais ferme.*

C'est vous qui me l'avez dit mille fois.

LA DUCHESSE, *lâche.*

Je plaisantais. Vous êtes un homme. Parlez à cette enfant qui en est réduite à supposer le pire.

AMANDA

Le pire, oui, madame, le pire.

LA DUCHESSE *soupire.*

Ah! si ce n'était que le pire, ma petite, cela ne serait rien. C'est pire que le pire. En français cela a l'air idiot ce que je dis, mais il doit sûrement y avoir un mot anglais qui exprime cela très bien. Parlez, Hector, nous vous écoutons.

HECTOR, *après avoir pris une bouffée d'air,*
va commencer.

Voilà. *(Un temps; sa voix s'étrangle :)* Non, je ne peux pas. C'est vous qui avez eu cette idée après tout!

LA DUCHESSE

Alors je vais vous faire une proposition, parlons ensemble.

HECTOR

Ensemble?

LA DUCHESSE

Oui, disons ensemble à cette enfant le petit speech de préambule que nous avions préparé ce matin, par cœur.

HECTOR

Le texte exact?

LA DUCHESSE

Le texte exact. Attention, je donne le départ. Ne trichez pas. Une, deux, trois... Prêt?...

HECTOR

Prêt.

LA DUCHESSE

Feu!

Ils font un pas en avant et commencent.

LA DUCHESSE ET HECTOR, *ensemble.*

Mademoiselle... ou plutôt — mon enfant — car notre différence d'âge et notre expérience... peuvent nous permettre de vous appeler ainsi.

Ils se regardent et règlent leurs respirations. Ils repartent.

Mon enfant donc... Ce que nous avons à vous dire va vous paraître bien scabreux dans des bouches aussi respectables que les nôtres...

Hector s'est arrêté quelques mots avant la duchesse. Elle le regarde sévèrement.

LA DUCHESSE

Eh bien, Hector?

HECTOR *se met à pleurer.*

Non, je ne peux pas... Même ensemble je ne peux pas!

LA DUCHESSE, *méprisante.*

Et quand je pense qu'un d'Andinet d'Andaine a défendu un pont, tout seul, contre deux cents Albigeois!

HECTOR, *qui ne sait plus ce qu'il dit.*

Eh bien, faites venir des Albigeois... Je défendrai au besoin un pont... Mais pas cela... Tout mon être se révolte... Pas cela!

LA DUCHESSE

C'est bien. Dans ce cas, sortez! Laissez-moi seule avec elle. Puisque le chef de cette famille déserte devant l'ennemi, je me chargerai moi-même de tout. Sortez.

> *Hector sort la tête basse. La duchesse quitte son attitude d'écrasant mépris. Elle attire Amanda près d'elle, et reprend plus bas, d'un autre ton où il entre moins de bouffonnerie mais, sous l'humour, une vraie intelligence qui la rend soudain presque humaine.*

Voilà, mon enfant. Je dois vous paraître imbécile... Non, non, ne protestez pas; je vais vous rassurer moi-même, je ne le suis pas. Je sais très bien que ce que je vais vous dire va vous blesser. Vous allez vous lever de ce banc, reprendre dignement votre petite valise de carton, me glisser entre les mains... *(Elle la regarde, elle continue :)* Si j'avais eu une fille, tout ce que vous allez faire, je le sens bien, hélas! — j'eusse voulu qu'elle le fît... Mais après tout, nous sommes entre nous et bien pareilles à peu de choses près, au fond de ce parc désert, dans ce soir qui, en tombant, atténue déjà un peu nos apparences... *(Elle rêve un peu.)* Si j'avais une fille... Mais je n'ai pas de fille. Je n'ai jamais pu avoir d'enfant. Est-ce le duc, pauvre cher incapable, ou moi? Quand il est mort, j'étais trop vieille pour le vérifier avec un autre. Je n'ai pas de fille... Mais j'ai un neveu. Et si j'ai fait pour lui toutes les extravagances que j'ai dû vous raconter tout à l'heure par le menu pour arriver à ce que je vais vous dire maintenant, c'est que je l'aime, tout bonnement, et que l'extravagance est mon élément naturel. *(Elle la regarde encore, elle reprend :)* Si j'avais une fille... Oui, bien sûr. Mais le Ciel nous donne des places, des fardeaux divers tous aussi lourds, des petits avantages tout de suite oubliés, des bouts de rôles tous aussi bêtes à jouer, croyez-le, ma pauvre enfant. Le mien devait se terminer, vous allez le voir, sur une composition bien inattendue pour une femme de ma classe...

Mais pour vous qui êtes là, toute seule devant la vie, toute nue sous votre petite robe de quatre sous, cela pourrait vous être si facile, de combler tout d'un coup une vieille bonne femme qui est au bout de son rouleau.

AMANDA *murmure.*

Je ne vous comprends pas très bien, madame.

LA DUCHESSE

C'est exprès, mon enfant... Je bavarde, je bavarde pour qu'il fasse tout à fait noir et que vous ne me voyiez pas rougir quand je vous demanderai ce que je vais vous demander tout à l'heure. Mes joues me brûlent déjà. Comme c'est drôle des joues qui brûlent... Pour retrouver cette sensation en moi, il faut que je remonte jusqu'à une petite fille en crinoline avec des pantalons brodés qui dépassent — une petite fille qu'on avait mise au coin parce qu'elle n'avait pas voulu saluer le maréchal de Mac-Mahon.

Elle rêve encore, le soir descend.

AMANDA *murmure.*

Il fait tout à fait noir maintenant.

LA DUCHESSE, *d'une drôle de voix
brusque dans l'ombre.*

Dites-moi, mon enfant, vous avez déjà eu des amants?

AMANDA *a un petit recul.*

Des amants?

LA DUCHESSE

Des amourettes sans conséquences... Une partie d'ânes à Robinson, on se plaît, on s'embrasse... Allons bon! voilà que je radote. Je mélange toutes les époques. Des parties d'ânes à Robinson! Je veux dire une guinguette dans la campagne où vont les grisettes de maintenant...

Un silence, Amanda ne répond pas.

LA DUCHESSE, *un peu lasse.*

Bien, je vous effraie et sans doute pis. Je vous dégoûte. Je ne vous demande pas si vous avez aimé. Je ne suis pas une voleuse de secrets. Je parle des amourettes...

AMANDA, *d'une toute petite voix après un autre silence.*

Oui, j'ai eu des amants, bien sûr. Mais je n'ai jamais aimé.

LA DUCHESSE

La vie est pleine d'imprévu et ce bonheur vous sera sûrement donné un jour. Il faut l'attendre en vivant le plus intelligemment possible tous les jours un par un et puis, quand on le rencontre, être bien bête tout d'un coup et tout manger à la fois. Mais laissons l'amour... *(Un temps, elle reprend plus bas :)* Mon petit Albert est un joli garçon plein d'attrait et d'une vraie jeunesse qui dort derrière son chagrin... Il se tuera demain, mademoiselle, je le sais, demain ou un autre jour, s'il ne retrouve rien de Léocadia — que des pierres et des imbéciles qui l'ont connue mais ne savent pas lui parler d'elle... Je suis une vieille femme très puissante malgré la République et follement riche, et je l'aurai vu mourir sans pouvoir lever le petit doigt. Et je resterai seule après, inutile comme un vieux clou.

AMANDA

Je ne vous comprends toujours pas. Que puis-je pour lui, madame? Je n'ose pas croire que vous avez pu penser... Pourquoi moi, d'ailleurs? Je ne suis pas particulièrement jolie. Et puis même très jolie — qui pourrait se glisser ainsi tout d'un coup entre lui et son souvenir?

LA DUCHESSE

Personne autre que vous.

AMANDA, *sincèrement surprise.*

Que moi?

LA DUCHESSE

Mon enfant, le monde est si bête, il ne voit que des parades, des gestes, des écharpes... Si bien qu'on n'a jamais dû vous le dire. Mais mon cœur à moi ne m'a pas trompée — j'ai failli crier chez Réséda Sœurs la première fois que je vous ai vue. Pour quelqu'un qui a connu d'elle autre chose que son fantôme, vous êtes le portrait vivant de Léocadia.

Un silence. Les oiseaux du soir ont maintenant pris la relève des oiseaux de l'après-midi. Le parc est plein d'ombres et de murmures.

AMANDA, *tout doucement.*

Je crois que je ne peux tout de même pas, madame. Je n'ai rien, je ne suis rien, mais ces amants... c'était tout de même mon caprice, n'est-ce pas?

Elle s'est levée comme pour un congé, elle a repris sa petite valise.

LA DUCHESSE, *doucement aussi et très lasse.*

Bien sûr, mon petit. Je vous demande pardon.

Elle se lève à son tour péniblement comme une vieille. On entend le timbre d'une bicyclette dans le soir; elle tressaille.

Écoutez... C'est lui! Montrez-vous seulement à lui appuyée à ce petit obélisque où il l'a rencontrée la première fois. Qu'il vous voie, ne fût-ce que cette seule fois, qu'il crie quelque chose, qu'il s'intéresse soudain à cette ressemblance, à ce stratagème que je lui avouerai demain et pour lequel il me détestera — mais à autre chose qu'à cette morte qui va me le prendre avec elle, j'en suis sûre, un de ces jours... *(Elle lui a pris le bras.)* Cela, vous le voulez bien, n'est-ce pas? Je vous le demande bien humblement, mademoiselle. *(Elle la regarde, suppliante, elle ajoute vite :)* Et puis, comme cela, vous le verrez, vous aussi. Et... je sens que je rougis encore en vous disant cela — la vie est trop folle vraiment! cela fera trois fois en soixante ans, dont deux fois en dix minutes — vous le verrez et si jamais — pourquoi pas lui, puisqu'il est beau, charmant et que d'autres l'ont été? — si jamais il pouvait avoir le bonheur, pour lui, et pour moi, d'être un instant — votre caprice...

Le timbre encore dans l'ombre, mais il est tout près maintenant.

AMANDA, *dans un souffle.*

Qu'est-ce qu'il faut lui dire?

LA DUCHESSE, *lui serrant le bras.*

Dites-lui simplement : « Pardon, monsieur, pouvez-vous m'indiquer le chemin de la mer? »

Elle s'est jetée dans l'ombre plus profonde des arbres. Il était temps. Une blancheur, c'est le prince à bicyclette, il passe tout près de la blancheur qu'est Amanda contre son obélisque, elle murmure.

AMANDA

Pardon, monsieur...

Il s'arrête, descend de bicyclette, se découvre, la regarde.

LE PRINCE

Mademoiselle?

AMANDA

Pouvez-vous m'indiquer le chemin de la mer?

LE PRINCE

C'est le deuxième sur votre gauche, mademoiselle.

Il salue, triste et courtois, remonte sur son vélocipède et s'éloigne. On entend le timbre plus loin. La duchesse sort de l'ombre toute vieillie.

AMANDA, *doucement, après un temps.*

Il ne m'a pas reconnue...

LA DUCHESSE

Il faisait noir... Et puis qui sait quel visage il lui donne maintenant, dans son rêve? *(Elle demande timidement :)* Vous n'avez plus de train, mademoiselle. Vous ne voulez pas rester tout de même au château pour ce soir?

AMANDA, *d'une drôle de voix.*

Si, madame.

La nuit est tout à fait tombée. On ne les voit plus toutes deux dans l'ombre, on n'entend plus que le vent dans les arbres immenses du parc.

LE RIDEAU TOMBE

TROISIÈME TABLEAU

Le boudoir de la duchesse. C'est le matin. Le maître d'hôtel est en scène, immobile. Il a l'air d'attendre. Entre un autre maître d'hôtel qui ressemble au premier comme un frère. Ils se regardent sans aménité.

L'AUTRE MAITRE D'HOTEL

Bonjour, monsieur.

LE MAITRE D'HOTEL, *glacial.*

Monsieur : bonjour.

Un temps ils s'inspectent de la tête aux pieds. Le maître d'hôtel rectifie son nœud de cravate. Malgré lui l'autre maître d'hôtel fait le même geste.

LE MAITRE D'HOTEL

Comment dois-je interpréter votre présence ici, monsieur ?

L'AUTRE MAITRE D'HOTEL

Mme la duchesse m'a convoqué ici pour neuf heures, monsieur, pour régler les affaires courantes du petit établissement fictif que je dirige au fond du parc.

LE MAITRE D'HOTEL *a un pli d'amertume à la bouche mais n'en laisse rien paraître.*

Dans ce cas, je pense que vous devez pouvoir vous asseoir, monsieur.

L'AUTRE MAITRE D'HOTEL, *s'asseyant raide.*

Je vous remercie, monsieur.

LE MAITRE D'HOTEL, *sortant
après une dernière retouche au nègre de Venise
qui montre bien qu'il est chez lui.
A la porte, il se ravise et revient.*

Un mot cependant, monsieur. Personnellement, j'ai toujours servi en maison bourgeoise et, je puis le dire sans me vanter, chez ce que le Faubourg a de plus représentatif. Mais l'un de mes beaux-frères, qui est un homme parfaitement honorable par ailleurs, a choisi — par goût du profit — la branche hôtelière. Il a été au Piccardy, au Waldorf, au Savoy... Je ne sais pas si vous connaissez?

L'AUTRE MAITRE D'HOTEL

Je connais, monsieur.

LE MAITRE D'HOTEL

Eh bien, monsieur, chez cette personne et chez ceux de ses confrères qui représentent pourtant ce que la branche hôtelière a de mieux, j'ai toujours noté un certain relâchement... une certaine — comment vous dire? — tendance à la familiarité, que donne immanquablement aux meilleurs (eussent-ils eu la formation la plus classique) l'habitude de servir le client au lieu du maître.

L'AUTRE MAITRE D'HOTEL, *impénétrable.*

Je ne vois pas où vous voulez en venir, monsieur.

LE MAITRE D'HOTEL

A ceci, monsieur. Depuis que les circonstances m'ont fait vous rencontrer, je n'ai pas eu — à mon grand étonnement — l'occasion de noter en vous des signes de cette déformation. Vous serviez pourtant à Dinard — je me le suis laissé dire — dans un établissement éphémère, qui ne pouvait pas, par la force même des choses, être exactement de tout premier ordre...

Tableau III

L'AUTRE MAITRE D'HOTEL, *pâle*.

Un établissement très honorablement coté, mais de tout — tout — premier ordre, non, monsieur.

LE MAITRE D'HOTEL

Dans ce cas, permettez-moi de vous poser une question. Je ne veux pas croire que vous me singiez, monsieur, et surtout, que vous puissiez, en le faisant, tromper un œil aussi exercé que le mien. N'auriez-vous pas servi de longues années en maison bourgeoise avant de...

L'AUTRE MAITRE D'HOTEL *baisse la tête, un sanglot étouffé dans sa gorge.*

Oui, monsieur... avant. Et puis un jour...

LE MAITRE D'HOTEL *l'arrête d'un geste.*

C'est bien, monsieur. Loin de moi de vous demander le secret de votre faute. Je suis simplement heureux de constater que chez un vrai maître d'hôtel il reste toujours un fonds de manières que la déchéance n'entame pas.

L'AUTRE MAITRE D'HOTEL, *reconnaissant.*

Merci, monsieur.

LE MAITRE D'HOTEL, *affable et supérieur.*

De rien, mon ami. Et excusez-moi si j'ai remué le fer dans la plaie. Nous ne reparlerons jamais de cela. Je vais prévenir Mme la duchesse de votre venue, monsieur.

Il sort. La duchesse entre, éclatante comme toujours, suivie d'Hector et d'Amanda dans une robe et des accessoires très Léocadia.

LA DUCHESSE

Mon ami.

LE MAITRE D'HOTEL *s'est levé précipitamment.*

Bonjour, madame la duchesse.

LA DUCHESSE, *dans un cri.*

Ne me dites même pas bonjour. Regardez cette jeune femme; regardez-la bien, regardez-la profondément! Qu'est-ce que vous me dites maintenant?

Le maître d'hôtel regarde Amanda un peu ahuri d'abord et sans comprendre le sens de ce brouhaha, puis soudain il comprend.

LE MAITRE D'HOTEL

Oh!

LA DUCHESSE *s'oublie jusqu'à lui serrer les mains dans son enthousiasme.*

Merci, mon ami, merci pour ce « oh! ». *(A Amanda :)* Ce « Oh! » est un succès, mon enfant, embrassez-moi! *(Elle embrasse Amanda. Elle se retourne ensuite vers le maître d'hôtel.)* Maintenant, mon ami, vous pouvez me dire bonjour.

LE MAITRE D'HOTEL

Bonjour, madame la duchesse.

LA DUCHESSE, *très naturelle, très distante.*

Bonjour, mon ami. *(Elle montre Amanda.)* Hein? N'est-ce pas troublant?

LE MAITRE D'HOTEL

C'est hallucinant, madame la duchesse.

LA DUCHESSE *pousse un cri.*

Hallucinant! Et moi qui cherchais vainement ce mot depuis hier soir. Hallucinant! C'est cela, c'est bien cela. Où l'avez-vous trouvé?

LE MAITRE D'HOTEL *regarde ses mains, inquiet.*

Quoi, madame la duchesse?

LA DUCHESSE

Ce mot?

LE MAITRE D'HOTEL

Mais je ne sais pas, madame la duchesse. Je ne me le rappelle plus... Dans les journaux...

LA DUCHESSE

Ah! je ne lis jamais les journaux. C'est pour cela. Mais tout de même, c'est le terme exact. Hallucinant. *(Elle est ravie.)* Hallucinant. Vous êtes hallucinante, mon enfant.

AMANDA *fait semblant de frissonner.*

Brr!... Cela ne doit pas être très joli le matin.

LA DUCHESSE *lui tapote la joue.*

Ah! Dieu qu'elle est drôle! Mais n'ayez crainte, vous êtes hallucinante pour nous, mais, en vérité, vous êtes un Greuze. Un petit Greuze qui se promène.

HECTOR

Ou plutôt la fausse maigre de Boucher dont parle le poète...

LA DUCHESSE

Tu! Tu! Tu!... Le poète se trompe, Hector, et vous aussi! Cette petite n'est pas un Boucher, c'est un Greuze. Ou, quand elle sourit ainsi et s'étonne, peut-être, je vous l'accorde, une fillette de Le Nain. *(A Amanda :)* On vous l'a déjà dit?

AMANDA, *simplement.*

Non, madame. Je ne connais même pas ces noms.

LA DUCHESSE, *pour qui ce détail est d'un prix infini.*

Elle est adorable, Hector.

HECTOR

Adorable.

LA DUCHESSE

Ce sont des peintres, mon enfant, de grands peintres. *(Elle explique aussitôt, car tout ce qu'elle fait est excessif, comme à une imbécile :)* Des peintres qui ont fait des tableaux... avec des pinceaux...

AMANDA *rit un peu.*

Oui, je sais tout de même ce que c'est qu'un peintre.

LA DUCHESSE, *négligemment.*

J'ai une ou deux douzaines de leurs chefs-d'œuvre au grand salon. Nous irons les voir tout à l'heure et nous comparerons. Cela sera très amusant! Mais pour le moment nous n'avons pas le temps de nous amuser. Nous avons à travailler. *(Elle va au maître d'hôtel.)* Mon ami, je vous ai convoqué ici pour que vous nous aidiez. Le prince est, bien entendu, au courant de tout, mais il n'a pas encore voulu recevoir mademoiselle. Quand il la verra, je veux que le cher enfant soit cloué au sol. Cloué. Et il le sera. Seulement — attention! — il ne faut pas nous attendre à un miracle; il va être tout de même beaucoup plus exigeant que nous.

AMANDA

Oh! ne m'effrayez pas d'avance, madame. J'ai déjà assez le trac comme cela.

LA DUCHESSE

A quoi servirait de nous dissimuler, ma chère, les difficultés de notre tâche? Nous avons une ressemblance. Bon. C'est beaucoup. Mais cela ne peut pas être tout, surtout pour une femme comme Léocadia. Il nous faut une atmosphère. *(Elle va sur Hector.)* D'abord, où sont les orchidées?

HECTOR *se lève surpris.*
Il a peur d'être assis dessus.

Les orchidées?

LA DUCHESSE

Comment pouvons-nous avoir oublié que Léocadia ne se déplaçait jamais sans une gerbe d'orchidées? Je vais téléphoner à Dinard qu'on m'en apporte immédiatement un choix.

Elle sort, il la suit.
Amanda est restée seule avec le maître d'hôtel. Ils se regardent un instant, gênés. Puis elle lui dit avec un sourire :

AMANDA

Hallucinante... *(Il hésite d'abord sur la contenance à prendre, puis il a un geste vague qui ne l'engage pas.)* Nous faisons de drôles de métiers.

LE MAITRE D'HOTEL, *raide et prudent.*

Il n'y a pas de sots métiers, mademoiselle.

AMANDA, *gentiment.*

Oh! non. *(Elle ajoute avec son petit bon sens populaire :)* Et puis, il faut bien vivre, n'est-ce pas? Il y a longtemps que vous l'êtes, vous?

LE MAITRE D'HOTEL

Quoi, mademoiselle?

AMANDA

Souvenir.

LE MAITRE D'HOTEL

Près de deux ans, mademoiselle.

AMANDA

Ils vous paient bien?

LE MAITRE D'HOTEL, *outré d'abord*
par cette question brutale, a un geste
de maître d'hôtel qui refuse un pourboire.

Oh! mademoiselle... *(Pourtant le regard clair d'Amanda le démonte, il avoue :)* Beaucoup, oui, mademoiselle. *(Et puis il a un remords d'avoir avoué quelque chose qu'on ne doit jamais avouer; il a un geste.)* Enfin, quand je dis beaucoup...

AMANDA *rit de sa gêne.*

Et c'est fatigant?

LE MAITRE D'HOTEL

Quoi, mademoiselle?

AMANDA

D'être souvenir... *(Le maître d'hôtel a un geste.)* Qu'est-ce que vous faites, toute la journée?

LE MAITRE D'HOTEL

Rien. J'attends. J'attends qu'il vienne. Je me promène entre les tables vides. Je pense. *(Il ajoute, mis en confiance après un silence :)* C'est drôle de penser, hein, mademoiselle... On ne le croirait pas : cela rend triste.

AMANDA

Je ne l'ai vu qu'une minute seulement hier, et dans le noir... Il est gentil?

LE MAITRE D'HOTEL

Il n'est ni gentil ni pas gentil. Si on devait dire quelque chose de lui, c'est qu'il n'a pas l'air d'être là.

AMANDA

Qu'est-ce qu'il fait quand il vient chez vous?

LE MAITRE D'HOTEL

Il s'assoit à une table; toujours la même — la table qu'ils avaient occupée tous les deux — et il commande ce qu'ils avaient commandé ce soir-là, un pommery brut 1923. Je le lui sers, avec deux verres... Alors il se met à regarder la banquette sans rien dire. Parfois cinq minutes, parfois toute la nuit... Et puis il s'en va.

Tableau III

AMANDA, *rêveuse.*

Pauvre garçon.

LE MAITRE D'HOTEL, *toujours sinistre.*

Alors, nous, on boit le champagne.

AMANDA, *comme une petite fille
qui n'en a pas bu beaucoup.*

Vous en avez de la chance!

LE MAITRE D'HOTEL, *désabusé.*

Oh! vous savez, mademoiselle, à la longue... Moi, cela me donne des aigreurs.

AMANDA, *qui a rêvé un moment en silence.*

Ce qui est drôle, c'est qu'ils ne se soient vus que trois jours... Il me semble qu'il faut plus longtemps pour s'aimer. Pour s'aimer comme je veux dire. *(Elle demande soudain au maître d'hôtel interloqué :)* Ils ont fait l'amour, au moins?

LE MAITRE D'HOTEL, *après un premier recul.*

Ça! je ne peux pas dire, mademoiselle... En tout cas pas chez moi. *(Il ajoute cependant :)* Les gens de l'auberge de Sainte-Anne-du-Pouldu, qu'on a également reconstruite à côté de nous, le prétendent... Mais j'ai tout lieu de croire que c'est pour se donner de l'importance.

AMANDA, *très gentiment.*

Et puis, même s'ils l'avaient fait... C'est si peu, une fois.

Le maître d'hôtel a un vague geste d'incompétence.

AMANDA *demande encore.*

Vous le croyez, vous, qu'il a un vrai chagrin?

Le maître d'hôtel a un geste qui ne le compromet pas.

AMANDA *rêve encore et continue.*

Le chagrin, cela existe, bien sûr. Mais je suis peut-être une drôle de fille, il me semble que c'est ou plus fort ou moins fort. Pas comme cela.

LE MAITRE D'HOTEL, *infiniment distingué et sceptique.*

Peut-on savoir ce que c'est que le chagrin! Moi qui vous parle, au Sporting de Monte-Carlo, avant la guerre, j'ai vu le grand-duc Sosthène, dans un accès de neurasthénie, faire verser trois cents bouteilles de Veuve Cliquot, carte spéciale, dans un petit salon, et forcer tout le personnel à s'y baigner les pieds... Et il pleurait à chaudes larmes, il se donnait de grands coups dans la poitrine et il nous demandait pardon!

AMANDA, *gentiment.*

Cela non plus, je ne crois pas que c'était du chagrin.

LA DUCHESSE *est entrée, toujours suivie d'Hector.*

Voilà! j'aurai deux cents orchidées dans dix minutes.

AMANDA *sourit.*

Cela me paraît beaucoup.

LA DUCHESSE *se détourne, surprise.*

Comment beaucoup?

AMANDA

Je ne connais pas les peintres, mais je connais un peu les fleurs, madame; avant d'être modiste, j'ai été fleuriste...

LA DUCHESSE

Beaucoup? Mais nous n'en aurons peut-être même pas assez. Léocadia en mâchonnait toute la journée. Vous croyez qu'il faut longtemps, à quelqu'un de nerveux, pour mâchonner une orchidée?

Tableau III

AMANDA, *gentiment.*

Je ne sais pas. Pour mâchonner, je vendais plutôt la pâquerette.

LA DUCHESSE *ne l'écoute même plus.*

Organisons-nous en attendant ces fleurs. Le mieux est d'avoir un exemple concret. Nous allons tâcher de reconstituer pour cette enfant l'arrivée de Léocadia au « Beau Danube ». *(Elle empoigne un fauteuil.)* Voyons, plantons d'abord notre décor. Asseyez-vous là en attendant. *(A Hector :)* Elle est ravissante et déjà tellement dans la note! *(Elle vient lui dire sous le nez :)* Ravissante.

AMANDA

J'essaie de prendre l'air distingué.

LA DUCHESSE, *s'en allant.*

Non! Non! Non! Ne prenez aucun air. Nous vous indiquerons tout cela. *(Au maître d'hôtel :)* Je n'ai pas voulu répéter chez vous, car Albert est dans le parc, il aurait pu nous surprendre. Tandis qu'il ne vient que très rarement ici le matin. D'ailleurs, Théophile fait le guet. *(Elle va à Amanda.)* Vous voyez, mon enfant, plus j'y songe, plus je m'aperçois que le secret de Léocadia était dans son œil. Elle avait une façon de vous regarder — comme cela — qui avait un charme incomparable. Entre nous elle était tout bonnement myope. Pendant que nous déménageons les meubles, exercez-vous donc à cligner de l'œil; ce sera votre première leçon... *(Elle revient au maître d'hôtel.)* Maître d'hôtel, vous, aidez-moi à déplacer le nègre. Léocadia prétendait que ce nègre, c'était l'esprit moqueur et léger du matin. *(Elle ne peut s'empêcher de soupirer en le déplaçant avec le maître d'hôtel.)* Dieu, qu'il est lourd, l'animal! *(En passant près d'Amanda, elle lui jette :)* Clignez de l'œil, clignez de l'œil et penchez la tête. Le dernier, c'était presque bien. Vous faites d'immenses progrès!

La porte s'est entrouverte sans bruit. Le maître

d'hôtel de la duchesse, profondément écœuré, voit son rival bouleverser, aidé de sa maîtresse, l'ordonnance sacro-sainte du salon, tandis que cette jeune femme dans un coin penche la tête et cligne de l'œil, sans l'ombre d'une raison. Il a un frisson de dégoût et disparaît.

LA DUCHESSE, *qui déplace les meubles.*

Ici, c'est l'estrade des musiciens. Là, c'est la table où ils se sont assis. C'est bien ainsi?

LE MAITRE D'HOTEL

Approximativement oui, madame la duchesse...

LA DUCHESSE

Un bon point. Mais, pour moi, cette fois. *(A Amanda :)* Ne clignez plus, maintenant, mon enfant, vous devez avoir la crampe et, tout à l'heure, quand cela sera pour de bon, vous le ferez sans naturel... *(Au maître d'hôtel :)* Maintenant, mon ami, je vais vous dire ce que j'attends de vous. Moi, je connais trop bien Léocadia... Il nous serait précieux que ce soit vous, un étranger, qui disiez d'abord à cette petite l'impression, l'impression profonde que vous a faite « la Divine » en pénétrant pour la première fois au « Beau Danube ».

LE MAITRE D'HOTEL, *ravi de ce rôle important.*

Mon impression?

LA DUCHESSE

Votre impression profonde. Ne vous troublez pas. Prenez votre temps, nous vous écoutons. Nous sommes ici entre camarades, pour savoir la vérité, toute la vérité, rien que la vérité.

LE MAITRE D'HOTEL, *entraîné, étend la main et crie, malgré lui.*

Je le jure!

LA DUCHESSE

Comment?

LE MAITRE D'HOTEL, *qui ne doit pas avoir la conscience très nette, a rougi.*

Oh! non. Rien. Pardon.

LA DUCHESSE

Nous vous écoutons. *(A Amanda :)* Ne clignez plus, mon enfant, je vous l'assure, ne clignez plus.

AMANDA, *qui cligne parce qu'elle commence à ne plus pouvoir maîtriser son envie de rire.*

Mais, c'est malgré moi, maintenant, madame.

LA DUCHESSE, *ravie.*

Alors, c'est excellent. C'est que vous devenez vraiment elle! Clignez, au contraire, clignez. *(Au maître d'hôtel :)* Nous vous écoutons.

LE MAITRE D'HOTEL, *qui a eu le temps de se remettre.*

Eh bien, voilà. Pour être franc, madame la duchesse, quand Mlle Léocadia Gardi est entrée pour la première fois dans la salle du « Beau Danube », je crois me faire l'interprète fidèle de tous mes camarades en disant que nous avons reçu un choc.

LA DUCHESSE

Un choc! C'est très intéressant. Un choc. *(A Amanda :)* Notez, mon enfant. Vous avez un crayon?

AMANDA, *qui commence à ne plus rien faire pour retenir la douce hilarité qui la gagne.*

Non, non, mais je me rappellerai sûrement! *(Elle dit comme le maître d'hôtel :)* Un choc.

LA DUCHESSE *répète, ravie.*

Un choc.

LE MAITRE D'HOTEL

Un choc. D'abord, Mlle Léocadia était belle, extrêmement belle... Et puis elle avait dans sa démarche, dans sa façon de vous regarder dans les yeux en avançant droit sur vous pour cesser de vous voir à l'instant même où l'on croyait qu'elle allait vous adresser la parole — une distinction, une arrogance et — dois-je dire le mot qui traduit le mieux ma pensée, madame la duchesse?

LA DUCHESSE

Je vous y invite, mon ami.

LE MAITRE D'HOTEL

Du chien! Un chien fou.

LA DUCHESSE, *enthousiasmée*.

Un chien fou! *(A Amanda :)* Notez tout cela. C'est d'une justesse surprenante. Il a de la valeur, ce garçon, et un rare don d'observation. C'est vrai, Léocadia était déjà tout entière dans sa démarche, si particulière, si « fin de siècle »... *(Elle l'imite :)* Les yeux dans les yeux jusqu'à vous toucher et tout d'un coup l'air absent, elle vous a frôlé sans vous voir. C'est tout elle! Seulement, moi, ce n'est pas du tout cela! Je suis trop petite et je sautille. Mon ami, vous ne savez pas ce que vous devriez faire pour fixer une bonne fois cette enfant? Vous devriez essayer de nous donner cela.

LE MAITRE D'HOTEL

Quoi, madame la duchesse?

LA DUCHESSE

L'entrée de Léocadia au « Beau Danube ».

LE MAITRE D'HOTEL, *qui en grille d'envie*.

Je ne sais pas si je peux me permettre, madame la duchesse...

LA DUCHESSE
Voyons, mon ami, puisque je vous le demande!

LE MAITRE D'HOTEL
Alors soit. Mais que madame la duchesse veuille bien noter qu'il n'y aura aucune intention irrespectueuse ou parodique dans ce que je vais indiquer. Je suis un homme « fait », n'est-ce pas, malgré tout — plus un éphèbe — et il m'est nécessairement difficile de...

LA DUCHESSE
Boh! Qu'allez-vous chercher, mon cher! Nous sommes là pour donner le ton à cette petite, voilà tout.

LE MAITRE D'HOTEL
Eh bien, quand Mlle Léocadia Gardi est entrée, l'orchestre venait justement, à la demande d'un habitué, d'attaquer un morceau de genre, très apprécié cette année-là : « La Valse des Chemins de l'Amour ».

LA DUCHESSE
J'ai une idée! Hector fera l'orchestre. Mettez-vous là, mon cher, sur l'estrade. Vous connaissez « La Valse des Chemins de l'Amour ». Il y a deux ans vous ne cessiez de nous en rebattre les oreilles. Fredonnez-la donc. Cela aidera beaucoup ce garçon.

HECTOR, *ravi de jouer un rôle.*
Dois-je également imiter un violoniste avec mes bras?

LA DUCHESSE, *que ce détail n'intéresse pas, s'en va laissant Hector.*
Comme vous voudrez.

Tout en fredonnant Hector passera le reste de la scène à se demander s'il imite ou non les gestes d'un violoniste avec ses bras.

LE MAITRE D'HOTEL

Si madame la duchesse le permet, c'est sur elle que je marcherai.

LA DUCHESSE

Excellente idée.

LE MAITRE D'HOTEL

Allons-y! Orchestre!

Hector attaque « La Valse des Chemins de l'Amour ». Le maître d'hôtel commence à mimer gravement l'entrée de Léocadia au « Beau Danube ». A cet instant le maître d'hôtel de la duchesse ouvre la porte précipitamment comme s'il avait quelque chose d'urgent à dire.

LE MAITRE D'HOTEL DE LA DUCHESSE

Madame la duchesse!

Il s'arrête, cloué sur place. Son rival vient de passer devant lui sans le voir, il marche en tanguant, les yeux dans les yeux, vers la duchesse qui s'exclame.

LA DUCHESSE

C'est cela! C'est cela! C'est tout à fait cela!... Cet homme est un mime! C'est un mime-né! Reprenons pendant que c'est chaud! Vite, refaites le mouvement derrière lui, ma petite fille.

Hector reprend la valse, le maître d'hôtel, l'entrée de Léocadia au « Beau Danube », et Amanda, qui se tord de rire, marche en l'imitant derrière lui. Le maître d'hôtel, son mouvement terminé, la regarde venir à lui en criant, extasié.

LE MAITRE D'HOTEL

Bravo, mademoiselle! Ne bougez plus! Et maintenant droit sur moi, l'œil dans l'œil et tout d'un coup l'insolence — toute l'insolence! Je ne suis qu'un maître d'hôtel! Je ne suis rien! Je ne suis que de la boue! Vous ne me voyez même plus!

*Mais Amanda s'est arrêtée soudain, rouge de
confusion. Le prince a écarté le maître d'hôtel
de la duchesse qui était resté pétrifié depuis son
entrée sans articuler un mot. Il est sur le seuil,
pâle de rage. Hector s'arrête, la duchesse et le
maître d'hôtel se retournent, épouvantés.*

LE PRINCE

Qu'est-ce que c'est que cette mascarade?

LA DUCHESSE *pousse un cri.*

Albert ici! Théophile, qu'avez-vous fait?

LE MAITRE D'HOTEL DE LA DUCHESSE
baisse la tête, vieilli de dix ans.

J'étais entré afin d'avertir madame la duchesse
— et puis ce que j'ai vu m'a tellement bouleversé,
madame la duchesse.

LA DUCHESSE *a un geste terrible.*

Sortez, Théophile. Je vous chasse!

*Le maître d'hôtel de la duchesse sort, vieilli de
cent ans, cette fois.*

LE PRINCE, *sec, aux autres.*

Laissez-nous aussi, s'il vous plaît. Je vous demande
pardon, ma tante, mais je veux parler seul à cette
jeune fille.

*Hector et l'autre maître d'hôtel effectuent une
rapide retraite. La duchesse se dispose également
à sortir. Pour la première fois le prince regarde
Amanda qui ne sait plus où se mettre. Soudain
il voit le nègre de Venise. Il bondit.*

LE PRINCE

Qui a touché à cette statue?

LA DUCHESSE, *de la porte.*

C'est moi, Albert, j'ai voulu faire de la place pour...

LE PRINCE *va rageusement
la remettre en place.*

J'ai dit que personne ne devait, sous aucun prétexte, toucher ce qu'elle avait touché!

La duchesse, qui n'a pas trop peur quand même, sort en faisant derrière le dos d'Albert des signes complices à Amanda.

LE PRINCE *regarde encore Amanda en silence
et finit par lui dire.*

Je crains que ma tante ne vous ait mise dans une bien mauvaise situation, mademoiselle.

AMANDA, *toute simple.*

Je le crains aussi, monsieur.

LE PRINCE, *sans indulgence.*

Vous aviez absolument besoin de trouver du travail sans doute...

AMANDA

Non, monsieur. C'est-à-dire si. Madame votre tante ayant pris soin, avant même de me convoquer ici, d'user de son influence pour me faire congédier de la maison de modes qui m'employait.

LE PRINCE, *que ce détail amuse.*

C'est une femme étonnante!

AMANDA, *un peu amère.*

Étonnante, oui. *(Elle ajoute :)* Mais depuis hier j'ai commencé à prendre l'habitude de ne plus m'étonner de rien.

LE PRINCE

Vous êtes là depuis hier?

AMANDA

Oui. Vous m'avez même parlé, hier soir, dans le parc, près d'un obélisque entouré d'un banc de pierre...

LE PRINCE, *sincèrement surpris.*

C'était vous? Je vous demande pardon, il faisait déjà si sombre... Pourquoi m'avez-vous demandé le chemin de la mer?

AMANDA, *doucement.*

Il paraît que c'était une phrase qu'il fallait vous redire.

LE PRINCE *s'est arrêté comme frappé de stupeur, il murmure.*

Pardon, monsieur... Pouvez-vous m'indiquer le chemin de la mer?

Il est allé s'asseoir sur un fauteuil, il ne dit plus rien, il rêve. Le silence se prolonge. Amanda toussote, fait du bruit; rien n'y fait. Alors elle va sortir sur la pointe des pieds. Le prince crie soudain.

LE PRINCE

Ne sortez pas! Venez ici, devant moi! Vous êtes laide. Vous avez une voix de Parisienne. Vous ne lui ressemblez pas. Vous ne pourrez jamais lui ressembler. Personne ne peut lui ressembler. Vous êtes une petite midinette sans race, sans mystère, sans aura.

AMANDA, *calme.*

Qu'est-ce que c'est?

LE PRINCE *s'est arrêté, surpris.*

Quoi?

AMANDA

Une « aura »?

LE PRINCE *explose.*

Vous ne vous figurez pas que je vais vous donner des leçons de français, par-dessus le marché?

AMANDA, *qui le regarde bien en face, digne.*

Je veux seulement savoir si c'est une insulte.

LE PRINCE *la regarde, puis il a malgré lui un petit sourire. Il dit plus doucement.*

Non, ce n'est pas une insulte.

AMANDA

Ah! bon.

Un temps elle le toise et se dirige vers la porte aussi digne qu'elle le peut.

LE PRINCE *ne peut s'empêcher de lui demander.*

Qu'est-ce que vous auriez fait si ç'avait été une insulte?

AMANDA *s'est retournée.*

Je vous aurais dit ce que je pense de vous.

LE PRINCE, *doucement, soudainement las.*

Cela m'est égal de savoir ce qu'on pense de moi.

Il s'est recroquevillé dans son grand fauteuil ancien et il ne dit plus rien. Amanda le regarde de la porte avec une nuance de pitié dans les yeux. Tout d'un coup, au milieu de sa songerie, il murmure les yeux fermés.

LE PRINCE

Pouvez-vous m'indiquer... *(Il s'arrête, il reprend sur un autre ton comme quelqu'un qui cherche :)* Pouvez-vous m'indiquer le chemin... *(Il cherche un autre ton encore, mais sa voix est malhabile.)* Le chemin...

Il s'est arrêté, épuisé. Soudain ses traits se détendent. Amanda, qui a les larmes aux yeux de voir qu'il a vraiment mal, a murmuré derrière lui comme au tableau précédent.

AMANDA

Pouvez-vous m'indiquer le chemin de la mer?

Un silence, il demande doucement, humblement presque.

LE PRINCE

Qui vous a appris à imiter ainsi cette voix?

AMANDA

Personne. C'est la mienne.

LE PRINCE, *après un temps*.

Dites encore une fois cette phrase, s'il vous plaît.

AMANDA

Pardon, monsieur. Pouvez-vous m'indiquer le chemin de la mer?

LE PRINCE, *doucement aussi, les yeux fermés*.

C'est le deuxième sur votre gauche, mademoiselle.

AMANDA

Merci, monsieur.

LE PRINCE, *les yeux toujours fermés, appelle soudain*.

Mademoiselle...

AMANDA, *surprise*.

Monsieur?

LE PRINCE

Vous avez laissé tomber votre gant.

Amanda regarde d'abord à ses pieds, surprise, puis elle comprend qu'il rêve à sa rencontre d'il y a deux ans. Elle balbutie au hasard un peu effrayée.

AMANDA

Merci, monsieur, je vous remercie beaucoup.

LE PRINCE *ouvre les yeux*.

Non. Elle ne m'a pas répondu. Elle a seulement eu un petit sourire et puis elle s'est enfoncée dans le soir. *(Il s'est levé, il ne la regarde pas; soudain, il essuie quelque chose sur sa joue.)* Je vous demande pardon.

AMANDA

C'est moi qui vous demande pardon, monsieur, d'être là. *(Un silence. Amanda le regarde. Puis finit par lui dire gravement :)* Ce que je ne comprends pas, c'est qu'hier soir je vous ai dit la même chose avec la même voix et que vous m'avez répondu tout tranquillement, comme si j'étais n'importe qui — comme si on avait l'habitude de vous demander souvent, à la nuit tombante, quel est le chemin de la mer?

LE PRINCE, *d'un drôle de ton.*

C'est drôle, n'est-ce pas, mademoiselle?

AMANDA

Oui, c'est drôle.

LE PRINCE, *un peu serré, toujours sans regarder.*

Mademoiselle. Est-ce que, malgré ce que je vous ai dit — malgré ce que vous devez penser comme moi de son côté extravagant — vous considérerez comme possible d'accepter la proposition de ma tante, pour quelque temps — mettons pour trois jours...

AMANDA *baisse la tête.*
Elle voudrait bien user de sa puissance,
de sa colère aussi, elle essaie d'être digne.

Je ne voulais pas hier soir — et ce matin j'ai dit « oui » — et puis, tout à l'heure, je sortais pour dire « non »...

LE PRINCE *s'est retourné vers elle, gentiment,*
pour la première fois.

Redites « oui », s'il vous plaît. Cela fera juste le compte.

AMANDA

Oui, mais, moi, j'ai l'air d'une idiote qui ne sait pas ce qu'elle veut.

LE PRINCE

De quoi ai-je l'air, moi?

AMANDA

Oh! mais vous!... C'est sans importance. Vous en avez fait bien d'autres... Ma vie à moi n'est pas organisée de telle façon que je puisse me permettre d'être toquée.

LE PRINCE

Qu'est-ce qui vous arriverait si vous étiez « toquée » comme vous dites?

AMANDA

Mais les pires drames! Je ferais tout le temps sauter les mailles de mes bas; j'userais trop vite mes gants; je raterais mes métros; je me ferais renvoyer de ma place... *(Elle s'arrête, soupire, comique malgré elle :)* Tout cela m'est arrivé d'ailleurs depuis hier.

LE PRINCE, *sur la défensive.*

On vous a raconté mon histoire sans doute... Et je conçois que dans une existence comme la vôtre — où le travail de chaque jour et les petites considérations matérielles de la vie tiennent une si grande place — il doit être un peu agaçant de penser que quelqu'un a dépensé tant d'argent, tant de peines et maintenant consacre tant de temps — au simple culte d'un souvenir.

AMANDA, *toute simple, doucement.*

Oh! non, vous vous trompez... Lorsque l'employé de la mairie est venu nous porter cette grande lettre qui disait que papa ne reviendrait pas de la guerre, maman, qui était femme de ménage, s'est mise à coucher dans un lit-cage dans la cuisine. Et elle a organisé une exposition, dans leur ancienne chambre, de tout ce qui avait appartenu à mon père. Elle a étendu sa jaquette de mariage à côté de sa robe blanche, sur leur lit; et à chaque anniversaire de sa mort elle dépensait — comparativement — en chrysanthèmes, beaucoup plus que vous n'avez jamais pu dépenser pour reconstruire toute une ville dans votre parc.

LE PRINCE, *après un temps.*

A mon tour je vous demande pardon.

AMANDA, *très bien.*

Il ne faut pas. Mais il ne faut pas non plus croire...

LE PRINCE, *grave.*

Je ne crois plus, mademoiselle. Et je suis même bien heureux de ce que vous venez de me confier, si gentiment. Car cela va me permettre de vous faire, à mon tour, une autre confidence — une confidence terrible, que je n'ai jamais faite à personne. Ma tante est peut-être une folle, mademoiselle — une folle charmante — mais une folle; moi, j'ai beaucoup plus de bon sens qu'elle, croyez-le. Pourtant, si j'ai pu accepter de me prêter à sa folie et de permettre que tous les endroits où j'ai vécu avec Mlle Léocadia Gardi fussent reconstruits ainsi dans la solitude de ce parc — c'est dans l'espoir que cette solitude précisément m'aiderait un peu dans mon épuisante lutte.

AMANDA, *qui ne comprend pas.*

Votre lutte?

LE PRINCE *a un rictus.*

Oui. C'est extraordinairement bête à dire. Et, maintenant que je suis sur le bord de cet aveu, je m'aperçois qu'il est presque comique. Tâchez de ne pas sourire cependant... Je fais tout cela, tout simplement parce que je suis en train d'oublier, mademoiselle.

AMANDA

Qui oubliez-vous?

LE PRINCE

La femme que j'ai aimée. Je ne suis même plus sûr de la couleur exacte de ses yeux. J'avais entièrement perdu sa voix jusqu'à tout à l'heure. Je ne sais dans quel univers j'étais hier soir... *(Il se tape le front avec rage.)* Car mon esprit se sauve, se sauve tout le temps je ne sais où, vous entendez? — mais songez que vous avez pu à la même place, dans la même pénombre, avec la même voix, me demander le chemin de la mer sans que je sursaute... sans que je crie... sans que je... Ah! c'est trop bête! Et les voyous du pays n'ont-ils pas raison de rigoler sur mon passage? Le prince Albert Troubiscoï a reconstruit toute une ville dans son parc pour se souvenir de son amour, seulement il ne se rappelle plus la première phrase qu'il lui a dite.

Un temps, il est tombé assis, abattu.

AMANDA

Qu'est-ce que je peux faire pour vous, monsieur?

LE PRINCE, *sourdement après un temps.*

Rester trois jours ici et me laisser regarder votre image aux anciennes places où je recherche la sienne, vainement. Essayer — je vous demande pardon — de ne plus être vous, mais elle — pendant trois jours.

AMANDA, *qui est debout au fond,
une main appuyée sur le nègre de Venise.*

Je vous le promets, monsieur.

LE PRINCE *crie soudain.*

Oh! restez ainsi! Je vous en supplie... Le lendemain elle est venue au château après le déjeuner demander à ma tante si elle voulait lui prêter son parc pour une fête de charité qu'elle comptait organiser. Ma tante était sortie. C'est moi qui l'ai reçue... Je l'ai trouvée ainsi à cette place. Elle m'a dit qu'elle aimait beaucoup cette statue. Nous avons passé tout l'après-midi ensemble à bavarder et, le soir même, elle me permettait de l'accompagner pour la première fois au « Beau Danube ». C'est cette boîte de nuit de Dinard où nous devions découvrir le lendemain que nous nous aimions. *(Il a les yeux fermés.)* Le « Beau Danube ». C'était l'endroit le plus prétentieux et le plus ridicule du monde. Et ce maître d'hôtel incroyable et cette musique... Cette musique faussement viennoise que tout le monde rabâchait cette année-là, et qu'elle chantonnait nerveusement toute la soirée... *(Il chantonne maladroitement le début de la valse :)* Tra la la la... Qu'est-ce que c'était donc que cette valse?

Il cherche.

Tra la la la...

AMANDA *l'aide.*

Tra la la la...

LE PRINCE *continue.*

Tra la la la la lère...

AMANDA *achève.*
Ils chantent ensemble maintenant.

Tra la la la...

L'orchestre a repris sur la voix d'Amanda l'air de la valse. La lumière baisse et revient sur le quatrième tableau.

QUATRIÈME TABLEAU

La clairière dans le parc où l'on a reconstruit dos à dos avec leurs enseignes la petite auberge de Sainte-Anne-du-Pouldu pour le moment fermée, car c'est la nuit, et le décor ouvert du « Beau Danube » brillamment illuminé avec ses lustres rococo et son style d'un charme vieillot. Trois tziganes qui ont un peu le genre des professeurs de patin du Palais de Glace — vieux papillons nocturnes, conservés dans on ne sait quel phénol — comme le maître d'hôtel et la dame du vestiaire qui, avec ses nœuds et ses fanfreluches, a l'air d'une ouvreuse du Théâtre-Français. Amanda et le prince viennent d'arriver, la dame du vestiaire débarrasse Amanda, ravie et étonnée, de ses fourrures. Le maître d'hôtel attend la commande.

LE MAITRE D'HOTEL,
comme s'il ne le savait pas.

Que servirai-je à monsieur?

LE PRINCE

La même chose qu'hier soir.

LE MAITRE D'HOTEL

Bien, monsieur *(Il note :)* Un pommery brut 1923.

AMANDA, *étourdiment.*

Oh!... avant... j'aurais bien voulu... j'ai si soif et puis... j'adore cela... une anisette à l'eau.

Il y a un moment de grand désarroi, la musique s'est arrêtée.

LE MAITRE D'HOTEL

Mais c'est que... Mlle Gardi n'avait pas... Je vous demande pardon...

AMANDA, *soudain confuse*.

Oh! non, c'est moi qui m'excuse. Je ne sais plus où j'ai la tête ce soir. Du champagne... le même qu'hier, bien sûr... enfin le champagne qu'il faut.

La musique reprend, soulagée.

LE PRINCE, *un peu raide, après un petit temps*.

Si vous avez soif... et si vous aimez tant que cela l'anisette... Donnez une Marie-Brizard à mademoiselle.

LE MAITRE D'HOTEL, *affolé*.

Une Marie-Brizard... Je vais voir si... enfin, je m'arrangerai...

AMANDA *lui crie*.

Avec de l'eau, s'il vous plaît!

LE MAITRE D'HOTEL, *s'en allant
de plus en plus affolé*.

De l'eau!... On n'a jamais prévu... Enfin, on va faire fondre de la glace.

AMANDA

Merci, vous êtes gentil. Je la boirai très vite.

LE MAITRE D'HOTEL *se rassure en partant*.

C'est cela, et puis j'enlèverai le verre, on n'en parlera plus.

AMANDA, *s'excusant avec un sourire*.

C'est difficile, vous savez, de ne plus avoir d'envies à soi pendant deux jours.

LE PRINCE, *un peu sec*.

Après-demain vous serez libre. Un peu de patience.

AMANDA

Il ne me faut pas de patience, vous le savez bien. C'est passionnant d'être une autre femme tout d'un coup. *(Elle caresse ses bracelets.)* Une femme qui est riche... une femme qu'on aime...

> *Pendant ce temps, on a préparé l'anisette avec des courses, des conciliabules, des rencontres de gens qui courent sans se voir, des va-et-vient... La dame du vestiaire et un des tziganes qui a abandonné son violon s'en sont mêlés et c'est presque un petit ballet furtif et trottinant qui est souligné ironiquement par la musique sur un thème qui déforme la « valse » sans qu'on cesse de la reconnaître. Enfin, le maître d'hôtel apporte l'anisette à l'eau.*

LE PRINCE

Hier, n'est-ce pas, ce n'était pas mal...

LE MAITRE D'HOTEL

Voici l'anisette. *(Il ajoute, rancunier, car c'est ça qui lui a donné le plus de mal :)* Avec de l'eau.

AMANDA, *qui a vraiment soif.*

Ah! Merci! *(Elle boit une gorgée puis soudain elle contemple son verre.)* Comme c'est joli quand l'anisette n'est pas encore tout à fait mélangée à l'eau!

> *On sent qu'elle voudrait être heureuse un peu, pour elle, au milieu de ces parfums, de ces musiques, de ces lumières, de ces bijoux inaccoutumés. Mais soudain elle s'aperçoit que le maître d'hôtel et le prince la regardent froidement et attendent. Elle avale son verre d'un trait, fait la grimace parce que c'est trop fort et qu'elle a failli s'étrangler. Elle rend son verre au maître d'hôtel.*

AMANDA

Pardon.

LE MAITRE D'HOTEL *le reprend
et ne peut s'empêcher de dire,
avec un soupir de satisfaction.*

Voilà.

LE PRINCE *a repris son monocle,
satisfait, lui aussi, que ce soit fini.*

Voilà.

AMANDA, *drôlement.*

Voilà.

Et tandis que l'orchestre, qui avait un instant suspendu son souffle, reprend de plus belle la « valse », le maître d'hôtel, qui avait préparé son seau à champagne, l'apporte aussitôt, et, avec d'autres gestes cérémonieux, car cette fois c'est sérieux, il parvient à le servir dans une atmosphère rassérénée...

LE PRINCE

Hier, n'est-ce pas, ce n'était pas mal, pour une première fois... malgré certaines maladresses et — comment vous dire sans vous blesser, mademoiselle? — un petit côté... populaire — qui d'ailleurs n'est pas sans charme chez vous — mais qui, naturellement, détonnait.

AMANDA

Je n'ai pourtant pas dit un seul mot d'argot.

LE PRINCE, *négligemment,
devant Amanda atterrée.*

Oui. C'est justement. Léocadia ne parlait que l'argot. Mais il nous serait vraiment trop difficile de reconstituer aussi son langage... Et puis, en somme, nous nous étions dit si peu de choses, de nous, ce premier soir. L'essentiel pour moi était de vous voir assise sur cette banquette, mâchonnant ces fleurs.

AMANDA *s'excuse gentiment.*

Le coup des fleurs, je n'ai pas dû très bien le réussir... J'étais un peu écœurée, n'est-ce pas, à la longue.

LE PRINCE

Écœurée?

AMANDA

Oui. Autant un honnête brin d'herbe, c'est bon à sucer, dans les bois, autant cette grosse fleur sucrée et âpre en même temps, dans la bouche, toute la nuit...

LE PRINCE *rêve.*

Elle disait que cela lui rappelait le pavot, la mandragore, le goût des breuvages maléfiques de l'Inde...

AMANDA, *qui essaie de faire rire
le maître d'hôtel qui la surveille, glacial.*

Je les connais peu. Je m'en suis tenue au mal d'estomac. Pardon. Mais cet après-midi a été meilleur, n'est-ce pas?

LE PRINCE

Bien meilleur. Vous avez pu remarquer que je n'étais pas prodigue de compliments, mademoiselle...

AMANDA

C'est vrai.

LE PRINCE

Eh bien, sur ce bateau — pendant ce long après-midi de farniente où nous avons paresseusement remonté la Rance jusqu'à Dinan — je tiens à vous dire que vous avez évoqué d'une façon presque parfaite le fantôme de la « Divine ».

AMANDA, *contente,
avec un coup d'œil de triomphe
au maître d'hôtel.*

Merci, monsieur.

LE PRINCE *ajoute pour lui,
après un temps, sans méchanceté.*

Il est vrai que cet après-midi-là, elle avait joué, je

l'ai senti, pour me surprendre, à laisser volontairement sa magnifique intelligence en veilleuse.

AMANDA, *avec sa petite voix.*

Merci quand même.

Elle n'a même pas osé regarder le maître d'hôtel qui est sorti goguenard.

LE PRINCE, *qui ne s'est aperçu de rien, continue.*

Vous avez été parfaite. Un peu vivante peut-être. Un peu en chair et en os.

AMANDA

C'est une habitude dont les vivantes se défont très difficilement. Je tâcherai de faire mieux ce soir. Déjà je sens que je pèse si peu sur ma banquette... D'ailleurs avec les repas que nous faisons!

LE PRINCE

Léocadia mettait toujours son gant dans son assiette.

AMANDA

Oui, je sais. Alors... j'ai beau changer souvent de gants... *(Elle ajoute gentiment, avec sa bonne voix :)* Je finirai par en manger un, vous savez, un jour!

LE PRINCE *rêve en la regardant.*

Léocadia, chère immatérielle... Oh! je vous en supplie, mademoiselle, par respect pour cette image si troublante pour moi, que vous êtes sans le vouloir, ne me dites pas, comme vous en avez envie, je le sens, comme c'est votre droit, aussi, que vous vous faites monter d'énormes repas dans votre chambre, le soir, après m'avoir quitté.

AMANDA *baisse la tête.*

Je suis une vivante, monsieur, mais une vivante honnête. Je tâche, même si c'est dur, même lorsque vous ne me voyez pas, d'être cette jeune femme que

vous m'avez demandé d'incarner pour trois jours.
Je vous jure que je ne me nourris que d'orchidées,
de champagne et de gants brodés dans mes assiettes.
Moi qui me couchais comme les poules, je tâche même
de m'endormir aussi tard que Mlle Léocadia Gardi.
Si vous aviez eu la curiosité de passer hier devant
les fenêtres de ma chambre, vous auriez pu m'y voir,
à une heure avancée de la nuit, étendue comme elle,
sur une chaise longue à col de cygne, et essayant de
lire — vainement d'ailleurs — à la lueur d'une bougie,
un exemplaire de Mallarmé.

LE PRINCE, *un peu surpris*.

Pourquoi? Puisqu'il n'y a aucune chance que je
passe sous vos fenêtres, vous le savez, après l'heure
où je vous ai officiellement quittée? Ce jeu vous
amuse?

AMANDA

Non. Mes livres, à moi, m'amusent et dormir...
(Elle s'étire en y pensant.) Ah! dormir! Ce que je vais
dormir, moi, après-demain!

LE PRINCE

Pourquoi alors?

AMANDA *se trouble imperceptiblement*.

Pour rien... Quand je fais un métier, j'aime le faire
bien, voilà tout.

> *Un petit silence. Ils se sont détournés incons-*
> *ciemment. Les tziganes, aussitôt, se croient obligés*
> *de sauter sur leurs instruments et de jouer une*
> *petite ritournelle genre viennois. Quand le prince*
> *se remettra à parler, ils termineront en douce et*
> *se rassoiront.*

LE PRINCE *coupe court et revient à son idée*.

Ce second soir était celui qui devait décider de
toute notre vie... Enfin de toute la vie qui nous restait à vivre : un retour au matin ensemble et une
fin d'après-midi.

AMANDA

C'est ce soir-là que vous vous êtes aperçus que vous vous aimiez?

LE PRINCE, *brusque*.

Qui vous l'a dit?

AMANDA

Mais je ne sais pas... vous, sans doute.

LE PRINCE

Non, pas moi.

AMANDA

Votre tante, peut-être... Ou bien j'ai dû sans doute sentir qu'il fallait que nous arrivions là, maintenant.

LE PRINCE

C'est ce second soir, oui. A mesure que cette nuit étrange se déroulait, si pareille à d'autres nuits, pourtant, avec ses musiques, ses lumières, son alcool, ses bavardages...

AMANDA

De quoi avez-vous parlé, ce soir-là, avant de vous mettre à parler de vous?

LE PRINCE

De nous encore... C'était des vieilles maisons que nous avions vues, de la couleur de l'eau de la Rance au crépuscule, de ses poètes préférés, de ses chapeaux, des gens qui nous entouraient et la faisaient rire. Mais c'était de nous.

AMANDA

C'était elle, ou vous, qui parliez?

LE PRINCE

Mais... tous les deux... plutôt elle. Pourquoi me posez-vous cette question?

AMANDA, *pelotonnée au fond de sa banquette
de velours rouge, doucement,
après un petit silence.*

Pour rien. Parce qu'il me semble que moi, si j'étais tombée amoureuse de vous au bout de ce long après-midi d'eau et de lumière, j'aurais aimé laisser ma peau trop chaude se reposer dans le satin de cette robe, sans bouger, avec seulement la fraîcheur de ces diamants à mon bras et ce verre glacé dans ma main... Et vous regarder, sans rien dire.

LE PRINCE *l'a écoutée calmement, il conclut.*

C'est que vous êtes un petit être primaire, incapable de s'analyser.

AMANDA

Sans doute.

LE PRINCE

Par chance d'ailleurs! Qu'aurions-nous fait de votre analyse qui serait venue tout embrouiller?... A ce propos je ne saurai jamais vous tenir assez gré, mademoiselle, de la façon parfaitement discrète dont vous aurez joué votre rôle. Vous ne devez pas être naturellement bavarde?

AMANDA

Si, très. A l'atelier les autres m'appelaient : « la colle ».

LE PRINCE *met son monocle.*

La colle?

AMANDA

Oui, parce que j'avais toujours une histoire à leur raconter.

LE PRINCE

Alors c'est que vous avez beaucoup de tact, c'est encore mieux.

AMANDA *rit.*

Oh! non plus! Dans l'atelier où j'étais avant celui

où on m'appelait « la colle », on m'appelait « la gaffe ».

LE PRINCE *met son monocle et la regarde encore.*
La gaffe?

AMANDA

La gaffe.

LE PRINCE

Vous ne paraissez mériter aucun de ces deux surnoms.

AMANDA *sourit.*

Je me méfie... Cela me ferait tellement plaisir de vous réussir ces trois jours. Alors, puisque je ne puis pas prétendre parler comme Mlle Léocadia Gardi, je voudrais, au moins, me taire comme elle. Il y a tant de façons de se taire en écoutant parler l'homme qu'on aime. Quelle était sa façon de se taire, à elle?

LE PRINCE, *sans rire, perdu dans ses souvenirs.*

Elle parlait moins fort...

AMANDA, *stupéfaite.*

Mais elle continuait quand même?

LE PRINCE, *très naturellement.*

Oui. Elle amorçait généralement sa réponse ou bien elle finissait la vôtre. D'autres fois, elle murmurait des mots sans suite, des mots roumains, sa langue maternelle... Ce monologue ininterrompu où se jouaient toutes les facettes de son esprit multiple, ce continuel feu d'artifice, était d'ailleurs un de ses plus grands charmes. Elle le coupait de longs rires de gorge qui naissaient soudain dans la conversation au moment où on s'y attendait le moins et mouraient aussi vite — pour rien — dans une sorte de cri bizarre.

AMANDA

Je dois vous paraître bien calme, en effet, à côté d'elle.

LE PRINCE

Mais non... mais non... Il ne pourrait être question évidemment pour vous de retrouver le génie verbal de cet être d'exception. C'est déjà beaucoup, croyez-le, mademoiselle, que vous ayez pu m'en donner cette précieuse image muette. *(Il lui a pris la main tout naturellement à la fin de cette phrase, il la repose soudain.)* Oh! pardon!

AMANDA, *interdite, regarde sa main.*

Pourquoi?

LE PRINCE

J'allais vous prendre la main. Elle détestait qu'on la touche.

AMANDA

Même vous?

LE PRINCE

Surtout moi. Elle prétendait que j'avais une poigne de brute, des mains de paysan qui faisaient mal.

AMANDA *lui a pris vivement la main
et la regarde.*

Des mains de paysan?

LE PRINCE, *un peu gêné, sa main prisonnière.*

J'ai des cals. Mais le yachting, les raquettes... Et puis je ne sais pas si vous êtes comme moi, je ne peux pas tenir un club les mains gantées.

AMANDA, *qui regarde toujours sa main.*

C'est drôle une main d'homme oisif. C'est vrai, cela porte autant de traces d'outils qu'une main de paysan. Prenez-moi le bras pour voir.

Il lui prend le bras un peu surpris. Elle a fermé les yeux, elle murmure avec un petit sourire, au bout d'un temps.

Non. Elles sont dures, mais elles ne font pas de mal.

Le prince retire sa main. Il y a un silence. Les tziganes qui ont peur d'être pris en flagrant délit sautent sur leurs violons. Le premier violon est descendu jouer à leur table son air le plus amoureux. Le prince ne dit rien, il regarde sa main. Au bout d'un moment Amanda risque timidement.

AMANDA

Qu'est-ce que vous pensez?

LE PRINCE

Je pense que si elle m'avait dit — sur ma main — ce que vous venez de me dire, j'aurais été fou de bonheur ce soir-là.

AMANDA, *doucement.*

Elle qui parlait tant, tout de même, elle a bien dû, entre autres choses, vous dire qu'elle vous aimait...

LE PRINCE *baisse la tête soudain comme un jeune homme gêné.*

Oh! bien sûr! Mais elle était si habile à s'analyser, à saisir au vol les moindres nuances de son esprit vagabond que cet aveu qu'elle m'a fait, certainement, pour répondre au mien, il me serait très difficile d'en redire les termes...

AMANDA

Les termes exacts, non, mais les circonstances...

LE PRINCE

Même les circonstances. Elle était si folle ce soir-là, elle parlait de tout, se coupant, jouant à être avec moi, tour à tour, chaque amoureuse de la mythologie. Elle me cherchait des airs de taureau, des airs de cygne... Elle m'avait même obligé, moi qui déteste cela, à allumer un énorme cigare, ne voulant plus me voir qu'entouré de fumée, sous prétexte que je ne sais plus quelle déesse avait été aimée par Jupiter déguisé en nuage! Tout cela coupé de notes, de bribes d'opéras, de réminiscences de ses rôles. J'ai également été Siegfried et quelques autres héros wagnériens ce soir-là.

Le violon a regagné sa place, la musique s'est tue doucement. Dans le silence, Amanda demande d'une petite voix unie.

AMANDA

Mais vous êtes bien sûr qu'elle ne vous a pas dit, une seule fois, tout simplement : « Je vous aime »?

LE PRINCE, *avec humeur.*

Léocadia ne pouvait pas dire tout simplement : « Je vous aime! » Même à son lévrier favori, même au petit serpent apprivoisé qui la suivait partout!

AMANDA

A un petit serpent, fût-il apprivoisé, je ne dis pas... Mais à vous! Cela me fait de la peine qu'elle ne vous ait pas dit : « Je vous aime, Albert. »

LE PRINCE, *dont l'humeur croît.*

Je vous aime, Albert! Je vous aime, Albert! Vous êtes ridicule, mademoiselle. Tâchez donc de comprendre une bonne fois qu'il ne s'agit pas du roman d'une petite fille et d'un calicot sur les bancs d'une station du métropolitain!

AMANDA

Bien sûr. *(Cherchant à le consoler gentiment :)* Remarquez qu'elle vous a peut-être dit : « Je vous aime » au milieu de tout le reste et que vous ne l'avez pas entendu...

LE PRINCE

Je ne crois pas.

AMANDA

Mais quand vous venez ici, le soir, et que vous tâchez de la revoir en face de vous sur cette banquette, vous la faites parler en imagination?

LE PRINCE, *sourdement*.

Bien sûr. Pas tout de suite... Parce qu'il me faut quelquefois plusieurs heures avant de recomposer son image, de l'asseoir en face de moi, immobile — elle bougeait tant! Et puis, je vous l'ai dit, beaucoup de détails me fuient. Ses yeux surtout, ses yeux m'échappent toujours...

AMANDA, *doucement*.

Ils sont là ce soir.

LE PRINCE

Quand je l'ai enfin tout entière, avec beaucoup de précaution, j'essaie de la faire parler — oui.

AMANDA *ne peut s'empêcher de jeter un peu narquoise*.

Vous reconstituez le monologue?

LE PRINCE, *ingénu*.

Oh! non, cela serait trop difficile, presque insurmontable. Et puis son image est trop fragile, un rien la disperse... Je lui fais dire des choses très simples, au contraire... « Oui... non... peut-être... à ce soir... » Je lui fais dire mon nom aussi. Elle m'affublait, je vous l'ai dit, des surnoms les plus fous : le Berger Pâris, Érôs, Mon Cygne... Elle ne m'a jamais appelé par mon nom. Elle le trouvait bête. Il l'est, d'ailleurs — mais enfin, c'est le mien. Alors, je me venge, je lui fais dire : Albert. Toute une nuit, je lui fais répéter... Albert, mon cher Albert. Mais cela me fait généralement mal, ce n'est pas de chance, parce que la seule fois qu'elle me l'a dit, c'est en se moquant, et c'est toujours la forme de sa bouche à ce moment-là que je retrouve.

AMANDA

Et vous ne lui faites jamais dire : « Je vous aime. » C'est l'occasion tant que vous la tenez à votre merci.

LE PRINCE *a baissé la tête, gêné.*

Non. Je n'ose pas. Et puis je ne m'imagine vraiment pas comment elle aurait pu le dire... Je ne retrouverais jamais sa bouche le disant.

AMANDA, *presque tendrement.*

Regardez-moi bien.

Il lève la tête, surpris, la regarde, elle murmure doucement, les yeux clairs, bien en face.

Je vous aime, Albert.

Il a pâli, il la regarde, les mâchoires serrées.

AMANDA *répète doucement.*

Je vous aime, Albert. Vous vous rappellerez le mouvement de ma bouche? Je vous aime, Albert.

LE PRINCE, *la gorge serrée, un peu dur.*

Merci.

Il veut servir le champagne, mais sa main tremble, il ne doit pas incliner assez la bouteille, il n'y arrive pas. Le maître d'hôtel, qui le guette, se précipite, se méprenant sur son geste inachevé.

LE MAITRE D'HOTEL

Est-ce que je dois renouveler le champagne, monsieur?

LE PRINCE

Oui, merci.

Le maître d'hôtel emporte le seau. A ce moment l'orchestre, qui n'avait l'air d'attendre que ce signal, attaque un morceau très brillant. Le prince s'est dressé soudain furieux, il leur crie.

Ah! non! Pas cette musique!

Les musiciens se sont arrêtés, médusés.

LE MAITRE D'HOTEL *s'avance.*

Je m'excuse, monsieur. Mais monsieur ne peut

avoir oublié qu'au moment où l'on a renouvelé le champagne à la table de monsieur, nous avions attaqué ce morceau. C'était un usage de la maison, d'ailleurs, d'attaquer toujours un morceau quand on renouvelait le champagne à une table. Et ce soir-là, je puis assurer à monsieur que nous n'y avons pas manqué.

LE PRINCE, *exaspéré.*

Je vous dis que je ne veux pas de cette musique! Cela m'est égal ce qu'on a fait ce soir-là!

Le personnel se regarde, atterré par cette phrase sacrilège. Le maître d'hôtel, qui est revenu avec son seau, tremble comme une feuille. On entend dans le silence le bruit de la bouteille sur le métal. Le prince et Amanda se regardent, hostiles. Le maître d'hôtel, qui tremble de plus en plus, laisse partir le bouchon. Explosion. La dame du vestiaire, sur le seuil de sa tanière, a poussé un cri de souris. Inondation. Le maître d'hôtel éponge, mort de confusion.

LE MAITRE D'HOTEL

Oh! pardon, monsieur... C'est la première fois depuis trente-sept ans. Cela doit être une mauvaise bouteille. Je vais la changer.

AMANDA, *calmement au maître d'hôtel qui s'éloigne.*

Pour moi, vous me redonnerez une anisette à l'eau.

LE MAITRE D'HOTEL, *qui s'en va se cognant partout, égaré.*

Une autre anisette à l'eau!

LE PRINCE, *entre ses dents, sans cesser de la fixer.*

Pourquoi cette effronterie supplémentaire?

AMANDA, *calme.*

Ce n'est pas une effronterie, mais, vraiment, votre

mauvaise humeur sans raison m'est insupportable.
Alors je redeviens « moi » un petit moment, pour me
reposer. Et « moi », j'ai soif. Et je n'aime pas le
champagne, « moi ».

LE PRINCE *crie.*

« Moi »! « Moi »! Comme c'est intéressant de dire
« moi », n'est-ce pas? Depuis deux jours vous n'avez
pas cessé d'être « vous », rassurez-vous, et de vous
moquer, comme toutes vos pareilles, d'une chose
que vous n'êtes pas capable de comprendre!

AMANDA

Vous mentez. Je tâche d'être « Elle » le plus honnêtement que je peux, tant que je le peux. Je ne le
peux plus, pour un instant. Pardonnez-moi et laissez-
moi boire mon anisette.

LE PRINCE

Pourquoi vous êtes-vous amusée à dire ces mots
qu'elle ne m'a pas dits et qui me faisaient du mal,
vous le saviez?

AMANDA

J'espérais qu'ils vous feraient du bien.

LE PRINCE

Vous mentez.

AMANDA

Oui, je mens. *(Elle s'est levée, toute simple.)* Je
vous demande pardon de la peine que je vais vous
faire; mais il me semble qu'un chagrin d'amour est
une chose si belle, si précieuse, qu'on n'a pas le droit
de la gaspiller comme cela. Alors, voilà... Vous allez
me détester, me chasser probablement. Mais je ren-
trerai moins triste à Paris si je vous dis ce que je
pense... Elle ne vous aimait pas, monsieur. Et cela, ce
n'est rien, cela n'empêche rien : on peut donner tout
l'amour sans jamais rien recevoir — et puis au fond
de vous, je suis sûre que vous le saviez déjà un peu

qu'elle ne vous aimait pas vraiment. J'ai autre chose
à vous dire de plus grave, avant de m'en aller recoudre
mes chapeaux... Voilà : vous êtes jeune, riche, beau,
charmant et vos mains de paysan ne sont pas dures...
Vous devriez tâcher de vivre, d'être heureux et
d'oublier vite cette histoire; parce que je crois bien
que, vous non plus, monsieur, vous ne l'avez pas
aimée vraiment.

*Il y a un silence où chacun a suspendu son
souffle. Puis le prince dit d'une voix calme.*

LE PRINCE

Vous êtes complètement idiote, mademoiselle, et
d'une impudence que je ne veux même pas qualifier.
Maître d'hôtel, faites apporter le vestiaire de mademoiselle, s'il vous plaît! L'allée du château est un peu
sombre, on va vous raccompagner. Vous pourrez
vous faire régler par l'intendant de ma tante dès
demain matin.

AMANDA, *tranquille.*

Votre façon de mêler l'argent à tout cela ne fait
rire et ne cingle que vous.

LE PRINCE *ricane.*

L'admirable désintéressement du peuple, je l'oubliais! Si vous y tenez, on ne vous donnera rien,
rassurez-vous.

AMANDA

Si. On me donnera le prix de mon aller-retour et
celui de trois journées d'ouvrière modiste, au tarif
syndical pour la région parisienne. Je puis vous le
dire tout de suite, à un centime près...

LE PRINCE

Je vous en dispense.

LE MAITRE D'HOTEL *s'avance, précédant la dame*
du vestiaire avec la cape d'Amanda.
Il chevrote d'émotion.

Le... le... le vestiaire de mademoiselle...

AMANDA

Vous le ferez rapporter au château. « Moi », je ne porte pas de fourrures en été. En été, j'ai chaud, « moi ».

Et elle va sortir dignement.

LE PRINCE *la rattrape.*

Mademoiselle. Je fais partie d'une caste où la littérature comique recrute volontiers son personnel de niais et de gâteux... J'ai été étrangement élevé, c'est vrai, par de vieilles dames, de vieux prêtres; et, sorti de leurs mains, le monde s'est borné pour moi à une société qui ne doit certainement pas avoir beaucoup de contacts avec ce que vous appelez la vie... De là à me prendre de prime abord pour un imbécile, il n'y a qu'un pas.

AMANDA

Mais je ne vous ai jamais pris pour un imbécile, monsieur.

LE PRINCE

Si, un peu. Ne protestez pas, c'est tellement naturel. Moi, je viens bien de vous traiter d'idiote... On prend toujours pour des imbéciles les gens qui ne sentent pas comme vous. Mais n'ouvrons pas cette parenthèse, nous n'en sortirions plus... Il y a un préjugé indiscutable, mademoiselle, contre le prolétaire ivrogne, sombre ganache qui mène le pays aux abîmes, paralyse la production, ne fait pas d'enfants, veut absolument jouer aux boules deux fois par semaine et méconnaît tout ce qui est un peu grand, un peu sacré, comme on dit. Pourquoi ne voulez-vous pas qu'il y ait également un préjugé contre un malheureux garçon qui loge, comme moi, dans un monument du XVIe siècle et porte vingt-deux noms agrémentés de titres ayant perdu toute signification?... Je vais peut-être vous étonner, mademoiselle. Mais il est aussi difficile à un homme comme moi de faire admettre qu'il n'est pas une buse que cela

peut l'être au fils des derniers paysans goitreux
du Cantal... Et encore, le fils des paysans goitreux,
dès qu'on a compris qu'il n'est pas une buse, on lui
donne des bourses et on l'encourage à devenir président
de la République, s'il est travailleur. Moi,
jamais.

AMANDA

Je ne vois pas du tout où vous voulez en venir,
monsieur.

LE PRINCE

A ceci, mademoiselle. Nous ne sommes des imbéciles
ni vous ni moi. Accordons-nous cela, voulez-vous?
Pourtant, c'est un fait, mon amour vous semble
une chose absolument funambulesque. Vous ne pouvez
pas croire que j'aie pu aimer une personne aussi
« comique » que Mlle Gardi.

AMANDA

Je n'ai jamais dit comique, monsieur.

LE PRINCE

Parce qu'elle est morte et que vous êtes une petite
fille sensible pour qui les morts sont sacrés. Mais si
elle était là ce soir, à cette place, vous ressemblant
trait pour trait et habillée comme vous, vous lui
éclateriez pourtant de rire au nez. Dites-moi donc
oui. Vous le pensez.

AMANDA *baisse la tête.*

Oui, monsieur.

LE PRINCE

Eh bien, puisque nous ne sommes des imbéciles ni
l'un ni l'autre, nous allons nous expliquer, mademoiselle,
une bonne fois. Asseyez-vous.

AMANDA, *s'asseyant.*

Pourquoi?

LE PRINCE

Parce que je vais vous dire un très long monologue. *(Et, en effet, il commence :)* Voilà. C'est très joli, la vie, quand on la raconte comme cela — ou quand on la lit dans les livres d'histoire, mais cela a un inconvénient : c'est qu'il faut la vivre... On ne peut pourtant pas dormir plus de douze heures par jour. Restent les procédés classiques : l'alcool, les drogues. Mais cela me dégoûte un peu personnellement, de me fabriquer un bonheur avec des remèdes... Vous me direz qu'il y a le gai courage, genre boy-scout, mais cela, c'est une grâce, une grâce que Dieu a distribuée, comme les autres, très parcimonieusement. Quant à la méthode qui consiste à viser sa descente de lit du bon pied tous les matins et à se mettre devant une glace pour faire sa gymnastique suédoise en se répétant qu'on est heureux... Non, non, tout de même. C'est une hygiène de constipés. Je m'ennuyais donc... Avec tout ce que le Ciel vous a donné, soupireront les âmes vertueuses? Quand il y a tant de malheureux? Raisonnement absurde. Allez donc dire à ces malheureux, par exemple : qu'ils devraient se réjouir de leur excellent estomac au lieu de se plaindre, quand il y a tant de millionnaires gastralgiques. Ils vous sauteront dessus. Et ils auront parfaitement raison. Mon cas est exactement le même, mademoiselle. Tout comme un bon estomac, le confort est une habitude. Il faut vraiment être un paltoquet pour pouvoir y trouver son bonheur. Je m'ennuyais... Ah! si vous aviez été obligé de travailler huit heures par jour pour gagner votre vie, jeune homme!... Sans doute. Devant un tour à l'usine, ou une pile de factures, j'aurais pu avoir le loisir, étant pauvre, de ne pas penser à moi en semaine et de me contenter, comme tout un chacun, de m'ennuyer ferme le dimanche. C'est vrai. Mais le Ciel a voulu m'envoyer cette épreuve des sept dimanches. Je tiens à la subir honnêtement. Je ne me vois pas non plus trichant dans des comités charitables ou dans des sociétés pour l'encouragement à l'élevage de certaines races de chevaux.

Quant à travailler pour accroître ma fortune, vous
m'accorderez que cela serait un geste parfaitement
ignoble et immoral. Que vous dirais-je encore? Je
ne suis pas artiste. Je n'ai pas de dons. J'ai une assez
bonne mémoire, il est vrai, mais je trouve plaisant
d'user sa vie à enregistrer des sciences si l'on n'est
pas capable de les recréer tout seul. Reste l'orga-
nisation rationnelle, draconienne des plaisirs. C'est à
quoi s'emploient la plupart des gens de mon monde.
Eh bien, mademoiselle, laissez-moi vous dire que cela,
c'est une vie de bagnard. Si les pauvres bougres
dépensaient dans le commerce la moitié de l'énergie,
de l'imagination, de la ténacité que dépensent les
oisifs pour aller bâiller sous des prétextes aux quatre
coins de l'Europe, ils y feraient rapidement d'immenses fortunes... Je n'ai pas de vice non plus. Ah!
quelle chose merveilleuse, quelle chose forte et simple :
un vice! Je n'en ai point.

*Un silence, il s'est arrêté devant cette constata-
tion. Il rêve.*

AMANDA *demande timidement.*
Est-ce que c'est tout, monsieur?

LE PRINCE
Presque, mademoiselle. Dans ce brouillard d'ennui
dont je ne pensais jamais sortir, un être est passé, faisant de la lumière pendant trois jours. Un être
insensé, je vous accorde, suivi de lévriers, de serpents
apprivoisés, un être qui se levait au crépuscule et se
couchait à l'aube et dont les nuits se passaient à un
long bavardage sans suite, coupé de bribes d'opéras.
Une mangeuse d'orchidées qui ne vivait que d'un
peu de vin de Champagne et de beaucoup de passion,
une folle qui s'est étranglée d'un geste avec son
écharpe un soir où elle avait trop parlé de Bach...
Mais cette folle, avec ses raffinements ridicules, ses
frivolités, c'était l'intelligence, mademoiselle... *(Il la
regarde, insolent.)* L'intelligence. Une autre déesse
dont vous avez peut-être entendu parler? C'est en
souvenir d'elle que je laisse volontiers les gamins de

Pont-au-Bronc faire cortège dans les rues derrière moi en me singeant. Je pense que des gamins ont dû la suivre aussi dans les rues, un peu partout... En trois jours, avant de me laisser dans ce monde désert, avec ce souvenir qui m'échappe, cette folle a eu le temps de me faire comprendre le prix de quelques apparences. Celui de deux jolies lèvres qui ne disent que « je t'aime » entre autres; d'une chair fraîche qui ne fait que plaisir à toucher. Le prix de votre chère quiétude, de votre cher amour heureux de se chauffer au soleil, dans les papiers gras des pique-niques et les flonflons, et aussi celui de notre âpre joie, à nous autres, qui n'a rien à voir avec votre petit bonheur. *(Un temps, il crie soudain :)* Je ne vous aime pas, mademoiselle. Vous êtes belle, plus belle qu'elle, peut-être — vous êtes désirable, vous êtes gaie, vous êtes tendre, vous êtes tout ce que vous voulez : la jeunesse, la nature, la vie, et vous avez peut-être raison par-dessus le marché — mais je ne vous aime pas.

AMANDA, *après un petit temps*.

C'est tout cette fois, monsieur?

LE PRINCE

Oui, mademoiselle, c'est tout.

AMANDA

Eh bien, cela m'est complètement égal tout ce que vous venez de me dire.

Elle se lève, traverse, hautaine, la boîte de nuit, sort en claquant la porte. Fait quelques pas décidés en claquant les talons dans le parc et puis, tout d'un coup, quand elle sent qu'il n'y a plus de galerie, s'écroule en sanglotant sur un banc de pierre dans l'ombre. Le prince, sa tirade dite, est resté tout raide, très fier de lui. Il regarde autour de lui. Il est seul. Il va mécaniquement à sa table et, au maître d'hôtel, qui s'approche, il demande lamentable.

LE PRINCE

Vous n'en avez jamais douté, vous, que je l'ai aimée plus que tout au monde, n'est-ce pas?

LE MAITRE D'HOTEL, *lui servant le champagne, obséquieux.*

Oh! Monsieur... Comment monsieur peut-il se demander? Mais monsieur l'a adorée, voyons. Nous en causons parfois entre nous, mes camarades et moi. C'est un amour inoubliable, monsieur, même pour nous autres...

Et tandis que le prince, qui s'est pris la tête à deux mains, commence à rêver, il se retourne vers les musiciens et commande, avec un ignoble clin d'œil.

Musique!

Les musiciens, goguenards, attaquent vigoureusement leur valse. Le prince s'est écroulé la tête dans ses mains. Amanda, dans l'ombre du parc, sanglote doucement sur le banc.

LE RIDEAU TOMBE

CINQUIÈME TABLEAU

Quand le rideau se relève sur le cinquième tableau, c'est une aube grise et rose. A des frémissements incertains on devine que le lever du soleil est proche. Amanda, endormie dans ses larmes, a glissé par terre devant le banc de pierre. Les lumières de la boîte de nuit se sont éteintes, le maître d'hôtel et les autres vieux papillons nocturnes ont disparu. Dans le désordre de la salle déserte, le prince en habit dort encore, la tête dans ses bras, écroulé sur la table au milieu des verres.

On entend des coups de fusil au loin. Quelques secondes et les coups de fusil se rapprochent. Entrent, en costumes de chasse vieillots, la duchesse et Hector, armés de longues canardières. Ils sont suivis d'un garde portant des fusils de rechange et des carniers vides.

LE GARDE

A vous, monsieur le baron!

HECTOR *tire dans la salle et dépité.*

Raté!

LE GARDE

A vous, madame la duchesse!

LA DUCHESSE *tire à son tour et ravie.*

Raté! Quel bonheur! Je suis toujours contente quand je rate un oiseau. C'est si joli un oiseau qui vole, si confiant, si heureux. Je me demande bien pourquoi on s'évertue à jeter, à dates fixes, des boulettes de plomb à ces malheureuses petites bêtes. *(Soudain elle aperçoit une blancheur au pied du banc, elle pousse un cri :)* Oh! mon Dieu! Qu'est-ce que c'est que cette tache blanche? Auriez-vous atteint quelque chose, Hector?

HECTOR, *troublé.*

Je... Je ne crois pas, ma chère amie.

LE GARDE *s'est avancé.*

C'est la jeune invitée de Mme la duchesse.

LA DUCHESSE

Que me dites-vous, Germain, blessée?

LE GARDE

Non. Endormie, madame la duchesse.

LA DUCHESSE *a été à Amanda.*

Endormie... et blessée sans doute. Son visage est encore plein de larmes.

AMANDA *a poussé un petit cri
puis elle reconnaît la duchesse.*

Ah! c'est vous, madame! Non, je ne veux plus parler à personne. Je veux m'en aller d'ici le plus vite possible.

LA DUCHESSE *a fait signe aux autres
qui sont sortis.*

Vous en aller, mon enfant. Pourquoi?

AMANDA

Elle est plus forte que moi, madame... Je me moque d'elle, vous entendez, je me moque d'elle et je sais bien que je suis plus forte qu'elle. Mais elle est plus forte que moi.

Tableau V

LA DUCHESSE

Elle est très forte, mon enfant, mais pas plus forte que vous. Et puis, de vous à moi, elle a un immense défaut pour une jeune femme : elle est morte.

AMANDA

Elle ne voulait même pas qu'il lui prenne le bras. Pourtant je sais moi, que ses mains ne sont pas dures... Ce sont des mains toutes simples, ses mains, des mains faites pour prendre, pour toucher. S'il les écoutait seulement... Mais il ne les écoute pas. Alors il faut que je m'en aille parce qu'elle est plus forte que moi.

LA DUCHESSE

Vous avez vingt ans, vous êtes vivante et vous êtes amoureuse : vous êtes plus forte que tout le monde ce matin. Parce que, regardez autour de vous au lieu de pleurnicher sur des songes de la nuit : c'est le matin maintenant...

En effet la lumière a changé autour d'elles et les transformations vont s'accomplir à mesure que la duchesse parle comme une vieille fée.

Le soleil est déjà presque levé. Tout espère et s'entrouvre au même rythme : les corolles, les jeunes feuilles hésitantes et les volets des bonnes gens. Sentez. Voici les premières odeurs du jour. L'odeur de la terre, l'odeur de l'herbe mouillée, puis celle du café qui est l'hommage de l'homme à l'aurore...

En effet le patron de l'auberge de Sainte-Anne-du-Pouldu a ouvert ses volets et il est apparu sur le seuil, bâillant et moulant déjà son café. Plus tard, il sortira les petits arbustes et les tables de la terrasse.

Voici les premières couleurs franches, les vrais verts, les vrais roses. Bientôt ce sera le premier bruissement d'abeille, la première tiédeur. Léocadia avait peut-être les forces de la nuit pour elle tout à l'heure... Vous avez vingt ans; vous êtes vivante et vous êtes amoureuse. Étirez-vous au soleil et éclatez de rire. Toutes les puissances du matin sont avec vous!

La duchesse disparaît sans qu'on s'en aperçoive, le soleil est devenu tout à coup éclatant, la musique triomphante. Amanda s'étire et rit au soleil. La musique finit dans son éclat de rire heureux. Elle va à l'auberge dont le patron achève d'arranger la terrasse.

AMANDA

Monsieur!

Le patron fait comme s'il n'entendait pas.

Patron!

Même jeu du patron — Amanda tape sur la table avec un caillou.
Il la regarde, va constater si elle n'a pas abîmé le vernis de la table sur laquelle il donne un coup de chiffon hostile.

C'est bien l'auberge de Sainte-Anne-du-Pouldu ici?

Le patron montre l'enseigne d'un geste.

Merci. Vous êtes muet?

LE PATRON

Oui.

AMANDA, *très naturelle avec un sourire.*

C'est ennuyeux d'être muet?

LE PATRON, *à demi vaincu par le sourire, répond boudeur.*

On s'y fait, comme à tout.

AMANDA

Cela vous a pris jeune?

LE PATRON

Trente-sept ans.

AMANDA

Qu'est-ce que vous faites pour vous soigner?

LE PATRON

Des gargarismes.

AMANDA

Des gargarismes! De vrais gargarismes?

LE PATRON, *qui est tout à fait apprivoisé, s'éclaire d'un sourire.*

Non. Mais aussi je ne suis pas vraiment muet. En fait de gargarismes pour moi, c'est une tomate et une oxygénée avant chaque repas. Quatre par jour, pas plus. J'ouvre l'œil. J'ai eu un grand-père alcoolique.

AMANDA

Pourquoi ne vouliez-vous pas me répondre tout à l'heure?

LE PATRON

Je me méfiais. Je ne vous avais jamais parlé, je ne vous connaissais pas en somme.

AMANDA

Et maintenant?

LE PATRON

Maintenant que nous avons parlé, c'est différent. Je vous connais.

Il ajoute après un temps.

Quelquefois, quand on me l'offre, j'en prends aussi une le matin, malgré le grand-père. Mais c'est exceptionnel.

AMANDA

Une quoi?

LE PATRON

Une tomate.

AMANDA

Qu'est-ce que c'est une tomate?

LE PATRON

C'est une oxygénée avec du sirop de grenadine.

AMANDA

Et une oxygénée?

LE PATRON

C'est comme la tomate, seulement on ne met pas le sirop. Alors ce sera deux tomates?

AMANDA

Ce sera deux tomates. Mais, dites-moi, est-ce que le souvenir du grand-père ne vous empêchera pas de boire aussi la mienne? Je n'ai pas soif du tout ce matin.

LE PATRON

A la rigueur, non. Quand c'est une dame qui le demande, je le fléchis.

Il rentre dans l'auberge et revient avec les bouteilles et les verres.

Vous êtes de Dinard?

AMANDA

Oui.

LE PATRON

Et vous avez passé la barrière du parc sans vous en apercevoir?

AMANDA

Oui.

LE PATRON

Tout l'été il y en a comme ça qui se trompent et qui croient que je suis un vrai café. Cela me permet de faire des petites affaires supplémentaires...

AMANDA

Parce que vous n'êtes pas un vrai café?

LE PATRON

Non... Ah! c'est toute une histoire... Le propriétaire, c'est un prince. Mais attention, hein? Un vrai. Il a fait reconstruire dans son parc tous les endroits où il avait rencontré une femme autrefois. Un excentrique, quoi! Ils disent que c'est pour se souvenir... Pas si bête! Pour moi, il y a une histoire de lotissement d'accord avec la municipalité. C'est tout francs-maçons et jésuites là-dedans. Moi, je ferme les yeux. C'est pas mes oignons.

AMANDA

Et c'est ici qu'ils se sont rencontrés?

LE PATRON

Qui?

AMANDA

Le prince et cette jeune femme?

LE PATRON

Il paraît que oui...

AMANDA, *étonnée.*

Comment « il paraît »? Vous ne vous souvenez déjà plus?

LE PATRON, *qui attaque sa deuxième tomate.*

Et pour cause! je vais vous dire... C'était une affaire... Les propriétaires de l'auberge, quand on leur a proposé de racheter le fonds et de reconstruire ici, cela faisait dix-sept ans qu'ils tenaient. Ils ont préféré se retirer chez eux, du côté de Pornavalo-en-Arzon... Alors ils m'ont mis en gérance.

AMANDA

Mais quand le prince vient... S'il vous questionnait?

LE PATRON

Oh! vous pensez bien qu'ils m'ont mis au courant! Alors quand on me demande, je raconte... Comment ils sont arrivés en taxi, ces messieurs-dames, comment ils ont commandé leur limonade... Tous les détails, quoi! Et faut pas croire... Je les raconte aussi bien qu'un autre qui les aurait vues, leurs foutaises... Des fois même quand je suis lancé, j'invente. Et il ne s'en aperçoit même pas... C'est à croire que, lui non plus, il n'était pas là à l'époque, le prince!

Il est rentré dans l'auberge ravi de son effet.

AMANDA *le rappelle.*

Monsieur! Monsieur-patron!

LE PATRON *réapparaît sur le seuil.*

Qu'est-ce que c'est?

AMANDA

Je vous aime beaucoup.

LE PATRON, *inquiet.*

Tiens, pourquoi?

AMANDA

Je ne vous le dirai jamais, mais vous venez de me faire un grand cadeau.

LE PATRON

Ah?

Il la regarde, méfiant.

Pour les tomates en tout cas, c'est vous qui invitiez. C'est trois francs cinquante...

AMANDA

Voilà. Et c'est moi qui vous remercie.

A ce moment le prince, qui s'est réveillé, sort, le col relevé, frissonnant, de la boîte de nuit.

AMANDA, *au patron qui n'a pas encore compris.*
Sauvez-vous vite!

Elle s'est dressée devant le prince souriante, un peu apeurée tout de même.

LE PRINCE *la voit soudain.*
Vous êtes là?

AMANDA

Oui, je suis là.

LE PRINCE

Je vous demande pardon de ma violence de tout à l'heure.

AMANDA

N'en parlons plus.

LE PRINCE, *las, en écho.*
Non. N'en parlons plus.

Il frissonne.

AMANDA

Vous frissonnez?

LE PRINCE

J'ai toujours un peu froid le matin.

AMANDA

Vous ne voulez pas vous asseoir au soleil? Il est déjà chaud.

Le prince s'avance, il regarde l'auberge.

LE PRINCE

C'est l'auberge où nous nous étions vus... Nous nous étions mis à l'intérieur près de la petite fenêtre aux rideaux rouges. Il faisait froid.

AMANDA

Si nous nous mettions ici, à la terrasse? Il fait si doux ce matin.

LE PRINCE *revient, se cognant aux chaises.*

Oui... pardon... Si vous voulez. Je me cogne aux chaises. Je suis toujours très maladroit. Et puis je suis encore un peu endormi.

AMANDA

Vous ne vous levez jamais tôt?

LE PRINCE

Habituellement je rentre me coucher à l'aube. Mais je m'étais assoupi sur la table, j'étais en retard... Cela fait que maintenant je suis très en avance.

Il frissonne.

Il fait froid le matin.

AMANDA

Non, je vous assure, il fait presque chaud. D'ailleurs, écoutez les abeilles. Elles ne diraient pas cela s'il faisait froid.

LE PRINCE

C'est certainement elles qui ont raison.

Il voit qu'Amanda le regarde en souriant.

Vous souriez, pourquoi?

AMANDA

Vous me paraissiez terrible tout à l'heure. Plus maintenant.

LE PRINCE, *qui frissonne encore.*

Je ne suis pas terrible.

Le patron s'est montré, surpris et soupçonneux, il va au prince.

LE PATRON

Monsieur me dira. La limonade que je sers habituellement à l'intérieur, est-ce que je dois la servir ici?

AMANDA

Ne nous servez pas la limonade, mais deux cafés au lait. Bien chauds. Monsieur a froid.

LE PATRON, *sidéré*.

Des cafés au lait? Ah! bon. Je proposais la limonade parce que d'habitude c'est la limonade. Voilà. Si on préfère des cafés au lait, je peux naturellement faire des cafés au lait, moi.

AMANDA *lui crie pendant qu'il s'éloigne.*

Dans de grandes tasses, avec du pain au beurre.

LE PATRON *répète, écœuré.*

Dans de grandes tasses, avec du pain au beurre.
Il disparaît en grommelant.
Si je me serais douté. Quelle intrigante celle-là!

AMANDA

Cela ne vous ennuie pas que nous déjeunions ensemble?

LE PRINCE

Non, cela ne m'ennuie pas...
Il chasse encore des abeilles.
Encore ces sales bêtes...

AMANDA

Oh! ne les chassez pas.

LE PRINCE

Pourquoi? Cela vous amuserait de me voir dévorer vivant?

AMANDA

Elles ne vous dévoreront pas, je vous le jure.

LE PRINCE

Vous les connaissez?

AMANDA

Très bien.

LE PRINCE

Comme vous avez l'air d'être chez vous, vous, dans le matin.

AMANDA

Je suis bien heureuse de vous recevoir... Voici mes arbres, mes abeilles, mon soleil...

LE PRINCE *la regarde et murmure.*

Vous êtes terrible.

AMANDA

C'est vrai?

LE PRINCE

Vous êtes comme une sorte de petit ogre rose et florissant.

Le patron a apporté du café et du lait dans des tasses bleues, un monceau de tartines.

LE PATRON

Voilà les cafés au lait. Mais dites-moi, monsieur, est-ce que j'apporte aussi la limonade?

AMANDA

Non!

LE PATRON

Comment non? Alors, ça, c'est la fin de tout!
Il sort en grommelant.

LE PRINCE *regarde Amanda qui beurre les tartines.*

Vous allez vraiment manger tout cela?

AMANDA

Vraiment! Ne me regardez pas comme ça. Votre effet est raté d'avance. Ce matin, je n'ai pas honte. J'ai faim.

LE PRINCE

Un petit ogre joyeux et sûr de lui, sans trace d'une douleur, sans trace d'une honte... Vous me faites un peu peur. Qui êtes-vous?

AMANDA

Rien qu'une jeune fille en robe blanche en train de beurrer une tartine de pain au soleil.

LE PRINCE

Ne vous ai-je pas rencontrée l'autre soir dans ce parc auprès d'un petit obélisque?

AMANDA

Si, et je vous ai demandé le chemin de la mer.

LE PRINCE

Il y a trois jours?

AMANDA

Oui. Le lendemain nous nous sommes retrouvés au château de votre tante et puis nous avons loué un bateau avec lequel nous avons remonté la Rance jusqu'à Dinard. Hier soir, après ce long après-midi silencieux où nous avons rêvé couchés l'un près de l'autre au soleil, nous avons passé la nuit au « Beau Danube ». Vous savez, cette boîte de tziganes ridicules qui rabâchaient tout le temps le même air faussement viennois...
Tra la la la...

LE PRINCE *chantonne doucement avec elle.*
Tra la la la...

AMANDA

Tra la la la lère...

La musique a repris doucement le thème au loin, elle s'en amusera un petit peu et le laissera mourir.

Et puis c'est le matin maintenant. Nous déjeunons ensemble à cette petite auberge de Sainte-Anne que vous avez voulu me montrer. On est bien au soleil dans votre petite auberge.

LE PRINCE *crie soudain angoissé.*

Mais c'est le dernier jour!

AMANDA, *tranquillement.*

Pourquoi le dernier jour? C'est le troisième tout simplement et il ne fait que commencer.

LE PRINCE *demande encore.*

Mais ce soir?

AMANDA

Ce soir? Nous serons ensemble où vous voudrez.

LE PRINCE

Et demain matin?

AMANDA

Nous serons près l'un de l'autre comme ce matin et cela sera le début de notre quatrième jour.

Un silence, le prince frissonne — Amanda lui prend le bras.

Vous avez froid, entrons.

LE PRINCE, *en entrant dans la salle, va droit à la petite table près de la fenêtre.*

AMANDA *tout simplement l'attire*.

Non, celle-là est à l'ombre. Celle-ci plutôt, au soleil.

LE PRINCE

Je ne veux pas.

AMANDA

Pourquoi? Moi aussi, vous m'avez connue trois jours, trois jours semblables, et vous m'aimez, moi aussi.

LE PRINCE *crie*.

Je ne vous aime pas!

AMANDA, *doucement*.

Si vous ne m'aimiez pas, vous ne le crieriez pas si fort... Oh! s'il vous plaît, ne vous débattez plus dans ce rêve où tout vous échappe. C'est le matin, maintenant. Regardez comme le monde est plein de choses sûres autour de nous, de fleurs qu'on peut sentir, d'herbes qu'on peut prendre et froisser dans ses mains.

Elle est en face de lui. Elle dit soudain dans un souffle.

Posez vos deux mains sur moi, s'il vous plaît, vous allez voir comme tout va devenir facile tout d'un coup.

LE PRINCE

J'ai peur.

AMANDA

Pourquoi? Elles sont si simples, vos mains. Ce n'est pas elles qui diront : « Je ne veux pas oublier, je ne veux pas que ce souvenir s'efface... » Les mains aiment et puis un matin elles se réveillent étrangères, ce ne sont plus que des mains à dire bonjour et à caresser distraitement les cheveux. Voilà tout. Et c'est bien ainsi. Posez vos deux mains sur moi, s'il vous plaît.

LE PRINCE

Si je vous touche, Amanda, je sens que je vous aimerai, mais je ne veux pas vous toucher.

AMANDA *a un petit rire frais et tendre.*

Vous ne me faites plus peur du tout. Hier encore vous étiez une sorte de monsieur pour moi, maintenant vous êtes comme un petit poisson qui veut remonter le courant comme tous les autres, contre toute la force de la rivière.

LE PRINCE *soupire malgré lui.*

Léocadia...

AMANDA, *tout doucement comme si c'était elle.*

Oui, mon amour. Posez vos deux mains sur mes hanches.

Un silence. Le prince met soudain ses mains autour d'elle et ne bouge plus. Elle a fermé les yeux, elle murmure.

Vous ne dites rien. C'est moi qui ai peur maintenant.

LE PRINCE, *d'une étrange voix rauque.*

Comme c'est simple, c'est vrai. Comme c'est facile. Comme c'est sûr.

Il l'embrasse soudain. Le mur de la petite auberge se referme sur eux. Entrent la duchesse et Hector, les fusils bas. Derrière eux le garde qui porte cérémonieusement un carnier où se devine une forme.

LA DUCHESSE

C'est vous. Je vous dis que c'est vous, mon tout bon.

HECTOR

Cela ne peut pas être moi!

LA DUCHESSE

Vous êtes d'une telle maladresse! Je savais bien qu'un jour vous atteindriez un oiseau.

HECTOR

Je vous ai parfaitement vue viser, je le soutiendrais sur un bûcher!

LA DUCHESSE

Sur un bûcher... sur un bûcher... Comme si j'allais gâcher mon bois de chauffage pour vous faire avouer que vous avez tué un héron.

LE GARDE

Ce n'est pas un héron non plus, madame la duchesse, ni un flamant. C'est un oiseau extravagant, comme on n'en voit pas souvent dans le pays. Un drôle de volatile. Ça a des plumes trop longues, ça s'accroche partout, des pattes trop hautes, ça ne sait plus où se poser. Avec ça des aigrettes de toutes les couleurs à se faire remarquer à cinq cents mètres... Et ce cri — vous avez entendu ce cri cocasse quand Mme la duchesse a tiré — c'est bien simple, ça ne ressemble à aucun autre oiseau connu.

HECTOR

Vous voyez bien que c'est vous qui avez tiré! Germain le dit aussi.

LA DUCHESSE

Eh bien, oui, c'est moi qui ai tiré, vous êtes content? Vous pouvez rentrer, Germain. Et emportez la bête.

LE GARDE

Qu'est-ce qu'il faut en faire, madame la duchesse? Ça ne se mange même pas, ce malheureux zoiseau.

LA DUCHESSE

Enterrez-la.

LE GARDE

Bien, madame la duchesse.

Il salue, va partir, la duchesse le rappelle.

LA DUCHESSE

Germain?

LE GARDE

Madame la duchesse?

LA DUCHESSE

Dans mes rosiers.

Le garde salue et sort. Un silence, la duchesse et Hector se sont assis côte à côte sur le banc, ils rêvent.

LA DUCHESSE, *brusquement.*

A quoi pensez-vous, Hector?

HECTOR *sursaute.*

C'est drôle, je pensais à...

LA DUCHESSE

Moi aussi. C'est drôle. Poor Léocadia! Elle en avait été réduite à s'étrangler elle-même avec sa belle écharpe, et voilà que nous venons de la tuer une seconde fois dans son souvenir. Il fallait sauver notre petit Albert. Et si ce sont les jeunes Amandas qui sauvent les petits Alberts, vivent les jeunes Amandas! Mais si inutile, si frivole et si foncièrement injuste qu'elle ait pu sembler, la pauvre chère raffinée, personne ne pourra nous empêcher de la regretter et de lui verser notre petite larme.

HECTOR, *ému.*

Non, mon amie.

LA DUCHESSE *le toise, et sévère.*

Ce n'est pas à vous que je parlais.

Elle montre le ciel.

C'est à Gaston.

Et elle s'en va, suivie d'Hector ahuri et trottinant, tandis que le rideau tombe sur une petite ritournelle pas trop triste.

Le rendez-vous de Senlis. 7
Léocadia. 137

DU MÊME AUTEUR

Aux Éditions de la Table Ronde

L'ALOUETTE.

ANTIGONE.

ARDÈLE ou LA MARGUERITE.

BECKET ou L'HONNEUR DE DIEU.

CÉCILE ou L'ÉCOLE DES PÈRES.

LA FOIRE D'EMPOIGNE.

LA GROTTE.

L'HURLUBERLU ou LE RÉACTIONNAIRE AMOUREUX.

L'INVITATION AU CHÂTEAU.

MÉDÉE.

FABLES.

ORNIFLE ou LE COURANT D'AIR.

PAUVRES BITOS ou LE DÎNER DE TÊTES.

LE RENDEZ-VOUS DE SENLIS.

LA VALSE DES TORÉADORS.

LE BOULANGER, LA BOULANGÈRE ET LE PETIT MITRON.

CHER ANTOINE ou L'AMOUR RATÉ.

LES POISSONS ROUGES ou MON PERE, CE HÉROS.

NE RÉVEILLEZ PAS MADAME.

LE DIRECTEUR DE L'OPÉRA.

TU ÉTAIS SI GENTIL QUAND TU ÉTAIS PETIT.

MONSIEUR BARNETT *suivi de* L'ORCHESTRE.

L'ARRESTATION.

LE SCÉNARIO.

LA CULOTTE.

LA BELLE VIE *suivi de* ÉPISODE DE LA VIE D'UN AUTEUR.

LE NOMBRIL.

PIÈCES BRILLANTES.

PIÈCES COSTUMÉES.

PIÈCES GRINÇANTES.

NOUVELLES PIÈCES GRINÇANTES.

PIÈCES NOIRES.

NOUVELLES PIÈCES NOIRES.

PIÈCES ROSES.

PIÈCES BAROQUES.

PIÈCES SECRÈTES.

COLLECTION FOLIO

Dernières parutions

2142.	Louis Calaferte	Septentrion.
2143.	Pierre Assouline	Albert Londres.
2144.	Jacques Perry	Alcool vert.
2145.	Groucho Marx	Correspondance.
2146.	Cavanna	Le saviez-vous? (Le petit Cavanna illustré)
2147.	Louis Guilloux	Coco perdu (Essai de voix)
2148.	J.M.G. Le Clézio	La ronde (et autres faits divers)
2149.	Jean Tardieu	La comédie de la comédie suivi de La comédie des arts et de Poèmes à jouer
2150.	Claude Roy	L'ami lointain
2151.	William Irish	J'ai vu rouge
2152.	David Saul	Paradis Blues
2153.	Guy de Maupassant	Le rosier de Madame Husson
2154.	Guilleragues	Lettres portugaises
2155.	Eugène Dabit	L'Hôtel du Nord
2156.	François Jacob	La statue intérieure
2157.	Michel Déon	Je ne veux jamais l'oublier
2158.	Remo Forlani	Tous les chats ne sont pas en peluche
2159.	Paula Jacques	L'héritage de tante Carlotta
2161.	Marguerite Yourcenar	Quoi? L'Éternité (Le labyrinthe du monde, III)
2162.	Claudio Magris	Danube
2163.	Richard Matheson	Les seins de glace
2164.	Emilio Tadini	La longue nuit
2165.	Saint-Simon	Mémoires
2166.	François Blanchot	Le chevalier sur le fleuve
2167.	Didier Daeninckx	La mort n'oublie personne
2168.	Florence Delay	Riche et légère

2169.	Philippe Labro	*Un été dans l'Ouest*
2170.	Pascal Lainé	*Les petites égarées*
2171.	Eugène Nicole	*L'Œuvre des mers*
2172.	Maurice Rheims	*Les greniers de Sienne*
2173.	Herta Müller	*L'homme est un grand faisan sur terre*
2174.	Henry Fielding	*Histoire de Tom Jones, enfant trouvé*, I
2175.	Henry Fielding	*Histoire de Tom Jones, enfant trouvé*, II
2176.	Jim Thompson	*Cent mètres de silence*
2177.	John Le Carré	*Chandelles noires*
2178.	John Le Carré	*L'appel du mort*
2179.	J.G. Balland	*Empire du Soleil*
2180.	Boileau-Narcejac	*Le contrat*
2181.	Christiane Baroche	*L'hiver de beauté*
2182.	René Depestre	*Hadriana dans tous mes rêves*
2183.	Pierrette Fleutiaux	*Métamorphoses de la reine*
2184.	William Faulkner	*L'invaincu*
2185.	Alexandre Jardin	*Le Zèbre*
2186.	Pascal Lainé	*Monsieur, vous oubliez votre cadavre*
2187.	Malcolm Lowry	*En route vers l'île de Gabriola*
2188.	Aldo Palazzeschi	*Les sœurs Materassi*
2189.	Walter S. Tevis	*L'arnaqueur*
2190.	Pierre Louÿs	*La Femme et le Pantin*
2191.	Kafka	*Un artiste de la faim* et autres récits (Tous les textes parus du vivant de Kafka, II)
2192.	Jacques Almira	*Le voyage à Naucratis*
2193.	René Fallet	*Un idiot à Paris*
2194.	Ismaïl Kadaré	*Le pont aux trois arches*
2195.	Philippe Le Guillou	*Le dieu noir (Chronique romanesque du pontificat de Miltiade II pape du XIXe siècle)*

2196.	Michel Mohrt	*La maison du père* suivi de *Vers l'Ouest (Souvenirs de jeunesse)*
2197.	Georges Perec	*Un homme qui dort*
2198.	Guy Rachet	*Le roi David*
2199.	Don Tracy	*Neiges d'antan*
2200.	Sempé	*Monsieur Lambert*
2201.	Philippe Sollers	*Les Folies Françaises*
2202.	Maurice Barrès	*Un jardin sur l'Oronte*
2203.	Marcel Proust	*Le Temps retrouvé*
2204.	Joseph Bialot	*Le salon du prêt-à-saigner*
2205.	Daniel Boulanger	*L'enfant de bohème*
2206.	Noëlle Châtelet	*A contre-sens*
2207.	Witold Gombrowicz	*Trans-Atlantique*
2208.	Witold Gombrowicz	*Bakakaï*
2209.	Eugène Ionesco	*Victimes du devoir*
2210.	Pierre Magnan	*Le tombeau d'Hélios*
2211.	Pascal Quignard	*Carus*
2212.	Gilbert Sinoué	*Avicenne (ou La route d'Ispahan)*
2213.	Henri Vincenot	*Le Livre de raison de Glaude Bourguignon*
2214.	Émile Zola	*La Conquête de Plassans*
2216.	Térence	*Théâtre complet*

*Impression Société Nouvelle Firmin-Didot
le 5 juillet 2001.
Dépôt légal : juillet 2001.
1er dépôt légal dans la collection : avril 1973.
Numéro d'imprimeur : 56330.*

ISBN 2-07-036375-9/Imprimé en France.
Précédemment publié par les Éditions La Table Ronde.
ISBN 2-7103-0227-6.

5500